KEY TECHNOLOGIES FOR
EXCAVATION AND SUPPORT CONSTRUCTION OF
URBAN SUBWAY STATION

城市地铁车站开挖与支护施工关键技术

赵振平 主　编

彭龙辉　张湘黔　陈　刚　蔡绪斌　副主编

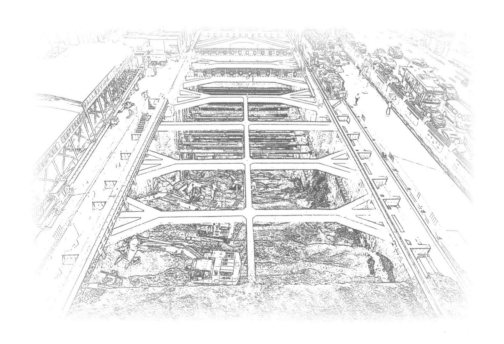

人民交通出版社

北京

内容提要

本书重点介绍了中交中南工程局有限公司在城市地铁车站基坑开挖与支护施工方面的创新及实践，共8章，内容主要包括概述、围护结构施工技术、止降水及土体加固施工技术、明挖法施工技术、盖挖法施工技术、暗挖法施工技术、监控量测技术和总结与展望。

本书适合从事城市地铁车站开挖与支护工程研究、设计、施工、运营和养护的人员参考。

图书在版编目(CIP)数据

城市地铁车站开挖与支护施工关键技术 / 赵振平主编. — 北京：人民交通出版社股份有限公司，2024.7
ISBN 978-7-114-19398-9

Ⅰ.①城⋯ Ⅱ.①赵⋯ Ⅲ.①地下铁道车站—深基坑—基坑施工②地下铁道车站—深基坑支护 Ⅳ.①U231.4

中国国家版本馆CIP数据核字(2023)第257456号

Chengshi Ditie Chezhan Kaiwa yu Zhihu Shigong Guanjian Jishu

书　　名：	城市地铁车站开挖与支护施工关键技术
著 作 者：	赵振平
责任编辑：	李　沛　师静圆
责任校对：	孙国靖　宋佳时
责任印制：	刘高彤
出版发行：	人民交通出版社
地　　址：	(100011)北京市朝阳区安定门外外馆斜街3号
网　　址：	http://www.ccpcl.com.cn
销售电话：	(010)59757973
总 经 销：	人民交通出版社发行部
经　　销：	各地新华书店
印　　刷：	北京市密东印刷有限公司
开　　本：	787×1092　1/16
印　　张：	11
字　　数：	200千
版　　次：	2024年7月　第1版
印　　次：	2024年7月　第1次印刷
书　　号：	ISBN 978-7-114-19398-9
定　　价：	80.00元

(有印刷、装订质量问题的图书，由本社负责调换)

PREFACE 前言

近年来,伴随城市化进程及城市的大规模发展,道路交通变得越来越拥挤,为了缓解压力,各大城市的地铁规划建设发展迅速。在地铁建设施工中,车站的深基坑开挖与支护一直是一个难点。车站开挖与支护施工中面临着许多挑战,如地质条件复杂、施工空间狭小、环境保护等问题。为能更好地适应当前地铁施工技术的发展,提高地铁车站施工技术水平,总结提炼城市地铁车站开挖与支护施工领域新技术、新工艺、新设备是十分有必要的。

中交中南工程局有限公司依托长沙地铁2号线、武汉地铁11号线、武汉地铁19号线、石家庄地铁4号线、天津地铁11号线、上海地铁15号线、长沙地铁6号线等项目,在地铁车站施工技术领域取得了长足的进步。尤其是在车站基坑开挖与支护施工技术应用上,通过广大工程技术人员的实践和有计划总结分析,积累了车站开挖与支护工程的施工工艺、综合经济指标和施工监测等方面的经验。在实际生产中,因地制宜,常规技术与新技术合理应用,为地铁车站实现优质、安全、高效的施工生产提供了强大的技术支撑。

本书以长沙地铁6号线烈士公园南站、天津地铁11号线迎宾馆站等项目为背景,从施工流程出发,针对围护结构、止水、降水、土体加固、深基坑开挖等施工工艺,介绍了相关的施工工艺原理、特点及适用范围,施工工艺流程,施工要点及综合经济指标分析。全书共分为8章,主要内容包括:概述、围护结构施工技术、止降水及土体加固施工技术、明挖法施工技术、盖挖法施工技术、暗挖法施工技术、监控量测技术和总结与展望。同时,本书增加了常规地铁车站开挖施工方法的经济指标分析,以中交中南工程局有限公司在地铁车站开挖中的实测数据为基础,分别从人工、材料、机械三个方面进行施工成本指标分析,并在第1章对城市地铁车站各种开挖施工工艺综合经济指标进行对比,为管理人员进行技术、经济决策提供参考。编写本书的目的是希望通过总结城市地铁车站开挖施工技术,为今后的工程实践提供借鉴。

本书由中交中南工程局有限公司组织编写。全书编写大纲由赵振平、彭龙辉、张湘黔编制,第1章由彭龙辉、张湘黔、罗自洪编写;第2章由张少凡、蔡绪斌、艾国平、张湘黔、杨德金编写;第3章由陈林成、杨帆、王洪磊、杨德金、陈刚、陈贤国编写;第4章由赵振平、涂国坤、姚绍伟、鲁杰编写;第5章由杨帆、王洪磊、杨德金、姚绍伟、罗自洪编写;第6章由艾国平、陈刚、蔡绪斌、陈贤国、姚绍伟、罗自洪编写;第7章由彭龙辉、陈林成、杨帆、王洪磊编写;第8章由陈刚编写;全书由赵振平、彭龙辉、张湘黔统稿。鉴于编者水平有限,书中若有差错和不当之处,敬请指正。

作　者
2023 年 9 月

CONTENTS | 目录

第1章 城市地铁车站开挖施工概述 ······ 001
    1.1 城市地铁车站开挖施工背景及现状 ······ 002
    1.2 城市地铁车站施工工艺综合经济指标对比 ······ 003

第2章 围护结构施工技术 ······ 005
    2.1 地下连续墙施工技术 ······ 006
    2.2 灌注桩排桩施工技术 ······ 012
    2.3 SMW工法桩施工技术 ······ 024
    2.4 钢板桩施工技术 ······ 031
    2.5 土钉墙施工技术 ······ 032
    2.6 特殊工况施工技术 ······ 037
    2.7 本章小结 ······ 045

第3章 止降水及土体加固施工技术 ······ 047
    3.1 止降水施工技术 ······ 048
    3.2 土体加固施工技术 ······ 067
    3.3 本章小结 ······ 079

第4章 明挖法施工技术 ······ 081
    4.1 施工工艺原理 ······ 082
    4.2 特点及适用范围 ······ 082
    4.3 施工工艺流程 ······ 082
    4.4 施工要点 ······ 083
    4.5 明挖法施工工艺综合经济指标分析 ······ 093

4.6　本章小结 ··· 095

第5章　盖挖法施工技术 ··· 097
　　5.1　盖挖顺作法 ··· 098
　　5.2　盖挖逆作法 ··· 103
　　5.3　半盖挖法施工技术 ·· 110
　　5.4　本章小结 ··· 112

第6章　暗挖法施工技术 ··· 113
　　6.1　双侧壁导坑法 ·· 114
　　6.2　中洞法施工技术 ··· 121
　　6.3　洞桩法施工技术 ··· 126
　　6.4　特殊工况暗挖法 ··· 136
　　6.5　本章小结 ··· 140

第7章　监控量测技术 ··· 143
　　7.1　施工监测项目 ·· 144
　　7.2　施工监测方法与要求 ··· 150
　　7.3　施工监测成果与预警管理 ·· 157
　　7.4　本章小结 ··· 164

第8章　总结与展望 ··· 167
　　8.1　总结 ··· 168
　　8.2　展望 ··· 168

参考文献 ··· 169

第 1 章

城市地铁车站开挖施工概述

1.1 城市地铁车站开挖施工背景及现状

地铁是涵盖了城市地区各种地下与地上的路权专有、高密度、高运量的城市轨道交通系统,地铁的修建可以算是一个大城市的标志。大城市对于交通需求越来越高,而地铁不仅可以解决中国老百姓的出行问题,还将推动城市经济健康发展。同时可以大大缓解大城市的交通压力。

截至 2023 年底,我国已有 59 个城市(不包括港澳台地区)开通城市轨道交通,运营里程 11224.54km,其中,地铁运营线路 8543.11km,占比 76.11%。我国已成为世界最大的城市轨道交通建设市场。随着城市化进程的加快,经济稳定发展以及政府的大力支持,我国城市地铁规模也将逐步扩大。其中,地铁车站开挖施工作为城市地铁工程建设中的重要组成部分,影响着地铁工程的安全、质量、进度、经济效益等,其施工综合指标对整个地铁建设工程具有重要意义。2023 年各城市城轨交通运营线路长度及增长幅度详见图 1-1。

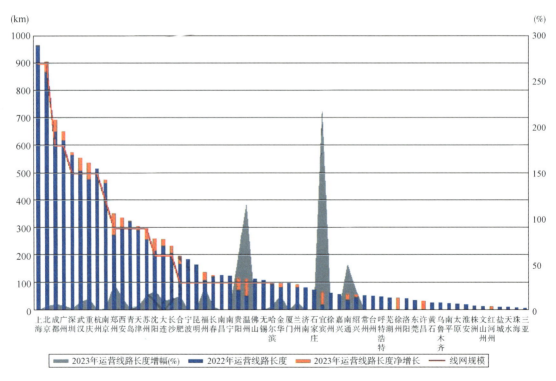

图 1-1　2023 年各城市城轨交通运营线路长度及增长幅度(数据来源于中国城市轨道交通协会)

我国地质条件复杂多样，长江三角洲、珠江三角洲的一些大城市地层软弱，还有一些城市处于岩溶发达区、膨胀土或丘陵地带。在不同地质的城市地铁车站开挖施工中，应用最多的是明挖法，其次为盖挖顺作法、盖挖逆作法以及半盖挖法，也有部分有特殊要求的车站，采用双侧壁导坑法、中洞法、洞桩法等暗挖工艺进行开挖施工。在地铁车站开挖施工之前，还需先施工围护结构（土体与支护结构相互作用），主要承受基坑开挖卸荷所产生的水、土压力，并将压力传递给支撑体系，不仅可确保基坑邻近建筑物及设施的正常使用，也可保证基坑的稳定性及坑内作业的安全性。目前，地铁工程中常见的基坑围护结构包括地下连续墙、灌注桩、钻孔咬合桩、新型水泥土搅拌桩墙（SMW）工法桩、钢板桩、土钉墙、锚栓吊脚桩、混合搅拌壁式连续墙（TRD）工法桩及重力式挡土墙等。地铁车站建设具有投资大、施工周期长、施工项目多、施工技术复杂、不可预见风险因素多和对社会环境影响大等特点，是一项高风险建设工程。

地铁车站所处地形地貌复杂，各车站施工工点受周边环境、工期、质量、安全、成本等因素的影响各不相同。因此，迫切需要对地铁车站施工工艺进行总结、提升，以适应复杂条件下不同工程地质情况的车站开挖施工。近年来，中交中南工程局有限公司（以下简称"中交中南局"）在地铁车站开挖施工技术上积累了一定的经验，并从安全、质量、工期、成本等方面对相关资料进行收集、整理、分析，以期为类似地铁车站工程的施工工艺提供参考。

1.2 城市地铁车站施工工艺综合经济指标对比

对中交中南局各个地铁车站施工项目的实测数据进行施工成本指标分析。项目经理部与施工队伍签订的是劳务分包合同，按设计方量进行结算。材料费为对各施工工艺过程全部投入的材料数量进行摊销计算，但不包括混凝土及钢筋的原材数量。机械费为对各施工工艺中使用到的机械设备进行摊销计算，主要包括挖掘机、渣土车、汽车式起重机、履带式起重机等。地铁车站开挖施工工艺综合经济指标对比详见表1-1，地铁车站主体施工工艺综合经济指标对比详见表1-2。

地铁车站开挖施工工艺综合经济指标对比　　　　　　　表 1-1

序号	项目	工序	标准（元/m³）	单价（元/m³）	备注
1	明挖	挖土	7.0	7.0	含钢板租赁等零星费用
		首公里运费	3.0	3.0	
		增运 1km	1.0	26.0	运距 27km
		人工费	1.0	1.0	文明施工班组
		渣土消纳	10.0	10.0	建筑垃圾渣土排放收费标准
		管理费+利润+垫资	16.0%	5.9	取费基数不含渣土消纳
		不含税合计		52.9	
2	盖挖	挖土	17.0	17.0	含钢板租赁等零星费用
		首公里运费	3.0	3.0	
		增运 1km	1.0×26	26.0	运距 27km
		人工费	1.0	1.0	文明施工班组
		渣土消纳	10.0	10.0	建筑垃圾渣土排放收费标准
		管理费+利润+垫资	16.0%	7.5	取费基数不含渣土消纳
		不含税合计		64.5	

地铁车站主体施工工艺综合经济指标对比　　　　　　　表 1-2

序号	项目	单位	明挖顺作法	盖挖顺作法	盖挖逆作法	双侧壁导坑法	备注
1	人工	元/m³	150.0	170.0	283.1	615.6	
2	材料	元/m³	163.0	170.2	81.0	216.76	
3	机械	元/m³	29.1	43.3	28.1	36.16	
4	综合成本(不含税)	元/m³	342.1	383.5	392.2	868.52	

注：1. 半盖挖法施工分包单价，明挖部分采用明挖单价，盖挖部分采用盖挖单价，综合费用介于两者之间。
　　2. 洞桩法施工，隧道施工分包单价参照双侧壁导坑法单价，主体结构参照盖挖法单价。
　　3. 中洞法施工价格参照双侧壁导坑法。

第2章

CHAPTER TWO

围护结构施工技术

2.1 地下连续墙施工技术

2.1.1 施工工艺原理

地下连续墙采用专用设备沿着深基础或地下建(构)筑物周边,采用泥浆护壁开挖出一条具有一定宽度和厚度的沟槽,在槽内设置钢筋笼,采用导管法在泥浆中浇筑混凝土,筑成单元墙段,依次顺序施工,以某种接头方法连接成一道连续的地下钢筋混凝土墙。

2.1.2 特点及适用范围

1. 特点

(1) 施工具有低噪声、低振动等优点,工程施工对环境的影响小。
(2) 墙体刚度大,可承受很大的土压力,变形易控制。
(3) 墙身具有良好的抗渗能力,坑内降水时对坑外的影响较小。
(4) 占地少,可以充分利用建筑红线以内有限的地面和空间。
(5) 可作为地下室结构的外墙,配合逆作法施工,缩短工程的工期、降低工程造价。

2. 适用范围

(1) 在软土地区深度较大的基坑工程,开挖深度超过10m的深基坑工程。
(2) 基坑邻近存在保护要求较高的建(构)筑物、地下管线,对基坑本身的变形和防水要求较高的工程。
(3) 地下室外墙与红线距离极近,采用其他围护形式无法满足留设施工操作空间要求的工程。
(4) 围护结构也作为主体结构的一部分,且对防水、抗渗有较严格要求的工程。
(5) 采用逆作法施工,地上和地下同步施工时,一般采用地下连续墙作为围护墙。

2.1.3 施工工艺流程

现浇地下连续墙施工工艺流程如图2-1所示。

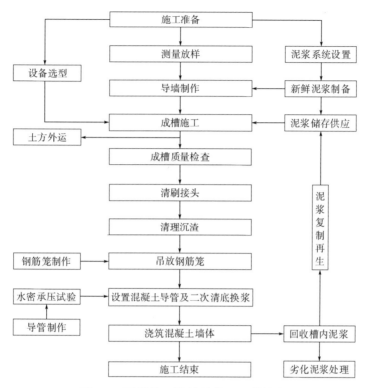

图 2-1 现浇地下连续墙施工工艺流程

2.1.4 施工要点

1. 施工准备

地下连续墙施工前应通过试成槽确定合适的成槽机械、护壁泥浆配比、施工工艺、槽壁稳定等技术参数。

1）设备选型

目前国内外广泛采用的地下连续墙成槽（孔）机械主要有抓斗式成槽机、冲击式成槽机、液压铣槽机、多头钻（也称垂直多轴回转式成槽机），其中，应用最广的要属液压抓斗式成槽机。

常用的成槽机械设备按其工作机理主要分为抓斗式、冲击式和回转式三大类。

2）泥浆制备

泥浆制备施工工艺流程详见图 2-2。

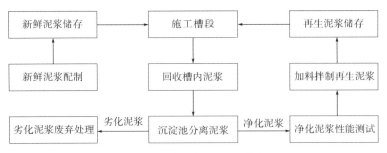

图 2-2 泥浆制备施工工艺流程

泥浆制备应满足以下要求：

(1) 护壁泥浆使用前应根据材料和地质条件进行试配,并进行室内性能试验,泥浆配合比宜按现场试验确定。

(2) 泥浆的供应及处理系统应满足泥浆使用量的要求,槽内泥浆面不应低于导墙面0.3m,同时,槽内泥浆面应高于地下水位0.5m以上。

2. 测量放样

依据设计图纸及施工经验进行导墙中线的精确定位放样,考虑到保证主体结构的净空尺寸及连续墙的顺利成槽,其净距宜大于地下连续墙尺寸40~60mm,并结合围护结构的最大水平位移对中心线外放。施工过程中应经常复测基点,确保其精度符合要求。

3. 导墙施工

导墙施工工艺流程详见图2-3。

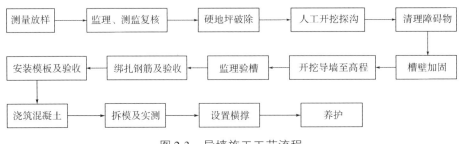

图 2-3 导墙施工工艺流程

导墙施工应满足以下要求：

(1) 导墙强度达到70%后方可拆模,拆模后,应沿纵向设木支撑,以防止导墙向内挤压。导墙混凝土支撑详见图2-4。

(2) 导墙混凝土养护期间成槽机等重型机械设备不得在导墙附近作业停留,成槽前支撑不得拆除,以免导墙变位。

（3）导墙在各转角处根据需要向外延伸 400~600mm，以满足槽段断面尺寸的完整性要求。

图 2-4　导墙混凝土支撑示意

4. 成槽施工

地下连续墙成槽施工主要方法有纯抓、纯冲、纯钻、纯铣工法等。在复杂地层中的成槽施工，可采用抓斗和冲击钻或钻机配合使用形成"抓冲法"或"钻抓法"[如两钻一抓、三钻两抓或四钻三抓等（图 2-5）]。近年来还出现了"抓铣结合"（图 2-6）、"钻铣结合""铣抓钻结合"等方法。

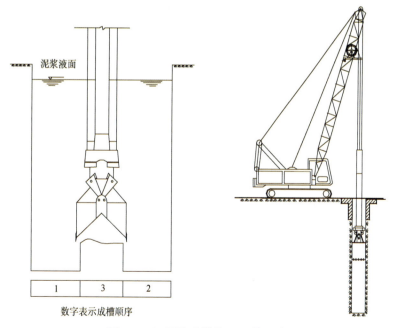

图 2-5　三抓法成槽施工工艺示意

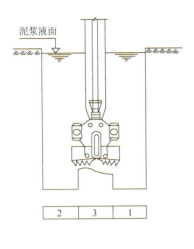
a) 上部采用抓斗施工

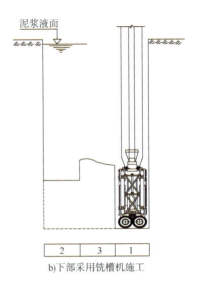
b) 下部采用铣槽机施工

图 2-6 "抓铣结合"成槽施工工艺示意

成槽施工要点:

(1) 为保持槽壁稳定,槽内泥浆液面控制在导墙下 30cm(图 2-7),以防造成槽壁塌落。

(2) 施工中采用大比重泥浆,以防挖槽过程中槽壁坍塌。

(3) 成槽过程中,实时对槽壁垂直度进行测量(图 2-8),以及时纠偏。

(4) 成槽过程中,应注意地层变化,及时调整成槽参数。

图 2-7 成孔导墙内液面高度

图 2-8 应用超声波测斜仪测量槽壁垂直度

5. 钢筋笼制作和吊放

1) 钢筋笼制作

(1) 钢筋笼根据地下连续墙墙体配筋图和单元槽段的划分来制作。钢筋笼按单元槽段做成一个整体或分段制作,吊放时再连接,接头应满足规范要求。

（2）制作钢筋笼时要预先确定浇筑混凝土导管的位置,导管位置周围需增设箍筋和连接筋。

2）钢筋笼吊放

地下连续墙的钢筋笼分为"一"字形、"L""T""Z"形等(图2-9、图2-10)多种形式。吊装时应根据钢筋笼重量选取主、副吊设备,并进行吊点布置,对吊点局部加强,沿钢筋笼纵向及横向设置桁架增强钢筋笼整体刚度(图2-11)。

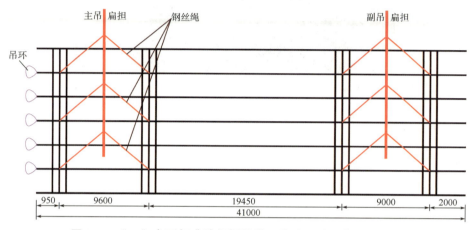

图 2-9　"一"字形标准墙幅钢筋笼吊装（尺寸单位：mm）

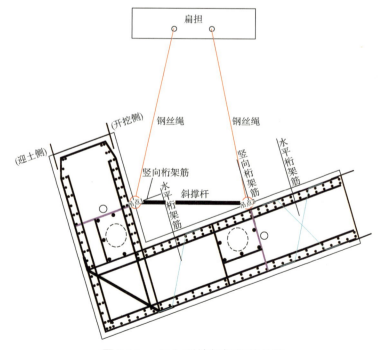

图 2-10　"L"形墙幅钢筋笼吊装

图 2-11　钢筋笼整体吊装

6. 混凝土浇筑

（1）导管宜采用直径为 200~300mm 的多节钢管，管节连接应密封、牢固，施工前应试拼并进行水密性试验及接头抗拉试验。

（2）导管水平布置距离不应大于 3m，距槽段两侧端部不应大于 1.5m。导管下端距离槽底宜为 300~500mm。导管内应放置隔水栓。

（3）钢筋笼吊放就位后应及时灌注混凝土，间隔不宜超过 4h。

（4）混凝土初灌后，混凝土中导管埋深应大于 500mm。

（5）混凝土浇筑应均匀连续，间隔时间不宜超过 30min。

（6）在浇筑过程中要随时注意观察和测量槽内混凝土上升情况，上升速度不小于 2m/h，每 30min 测定一次混凝土面的深度，保证混凝土面高差控制在 0.5m 范围内。

（7）为保证墙顶混凝土的质量，混凝土浇筑高度应比设计高度高 0.5m 以上。

2.2　灌注桩排桩施工技术

2.2.1　施工工艺原理

灌注桩排桩围护是采用连续的柱列式灌注桩形成的围护结构。工程中常用的灌注桩排桩的形式有分离式（图 2-12）、双排式（图 2-13）和咬合式（图 2-14）。灌注桩排桩外侧可结合工程的地下水控制要求设置相应的隔水帷幕。

第 2 章 围护结构施工技术

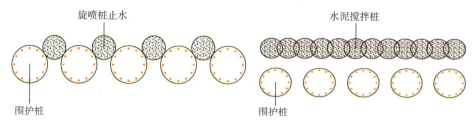

图 2-12 分离式灌注桩排桩

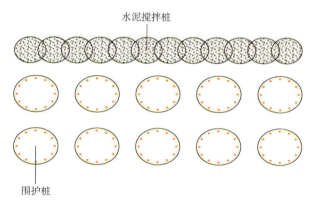

图 2-13 双排式灌注桩排桩

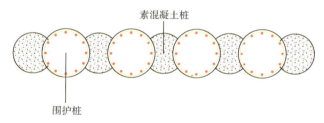

图 2-14 咬合式灌注桩排桩

2.2.2 特点及适用范围

1. 分离式排桩特点及适用范围

分离式排桩在灌注桩排桩中是最常用,也是较简单的围护结构形式。灌注桩排桩外侧可结合工程的地下水控制要求设置相应的隔水帷幕。

1)特点

(1)施工工艺简单、工艺成熟、质量易控制、造价经济。

(2)噪声小、无振动、无挤土效应,施工时对周边环境影响小。

(3)可根据基坑变形控制要求灵活调整围护桩刚度。

(4) 在基坑开挖阶段仅作为临时围护体,在主体地下室结构平面位置、埋置深度确定后即有条件设计、实施。

(5) 自身不能隔水,在有隔水要求的工程中需另设隔水帷幕。

2) 适用范围

(1) 软土地层中一般适用于开挖深度不大于20m的深基坑工程。

(2) 地层适用性广,从软黏土到粉砂性土、卵砾石、岩层中的基坑均适用。

2. 双排式排桩特点及适用范围

若要增大排桩的整体抗弯刚度和抗侧移能力,可将桩设置成前后双排,将前后排桩桩顶的冠梁用横向连梁连接,形成双排门架式挡土结构。

1) 特点

(1) 抗弯刚度大,施工工艺简单、工艺成熟、质量易控制、造价经济。

(2) 可作为自立式悬臂支护结构,无须设置支撑体系。

(3) 围护体占用空间大。

(4) 自身不能隔水,在有隔水要求的工程中需另设隔水帷幕。

2) 适用范围

适用于场地空间充足,开挖深度较深,变形控制要求较高,且无法设置内支撑体系的工程。

3. 咬合式排桩特点及适用范围

场地狭窄无法同时设置排桩和隔水帷幕时,可采用桩与桩之间咬合的形式,形成可起到止水作用的咬合式排桩围护结构。咬合式排桩围护结构的先行桩采用素混凝土桩或钢筋混凝土桩,后行桩采用钢筋混凝土桩。

1) 特点

(1) 受力结构和隔水结构合一,占用空间较小。

(2) 整体刚度较大,防水性能较好。

(3) 施工速度快,工程造价低。

(4) 施工中可干孔作业,无须排放泥浆,机械设备噪声低、振动少,对环境污染小。

(5) 对成桩垂直度要求较高,施工难度较大。

2) 适用范围

(1) 适用于淤泥、流沙、地下水富集的软土地区。

(2)适用于邻近建(构)筑物对降水、地面沉降较敏感等环境保护要求较高的基坑工程。

2.2.3 施工工艺流程

分离式排桩、双排式排桩围护结构可采用人工挖孔、冲击钻、旋挖钻等多种方式进行施工,咬合式排桩一般采用全套管钻机方式进行施工,具体施工工艺流程如图2-15~图2-18所示。

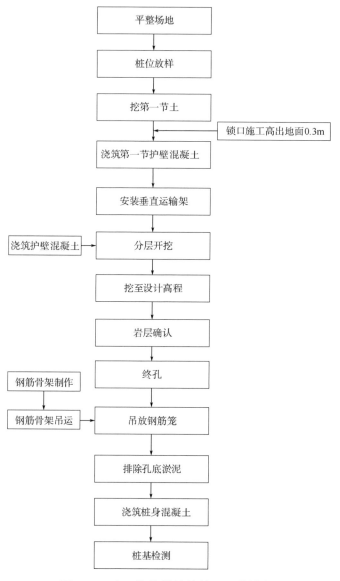

图2-15 人工挖孔灌注桩施工工艺流程

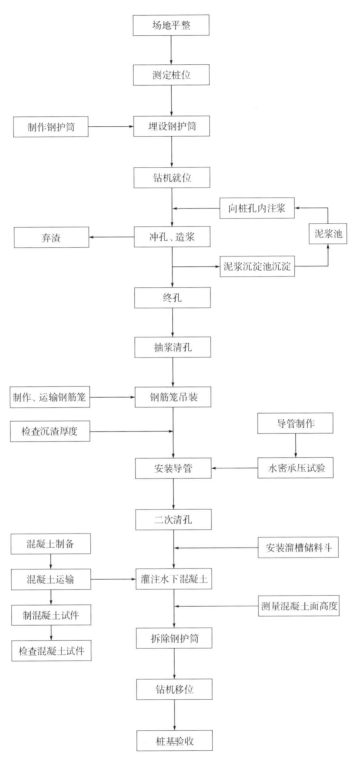

图 2-16 冲击钻灌注桩施工工艺流程

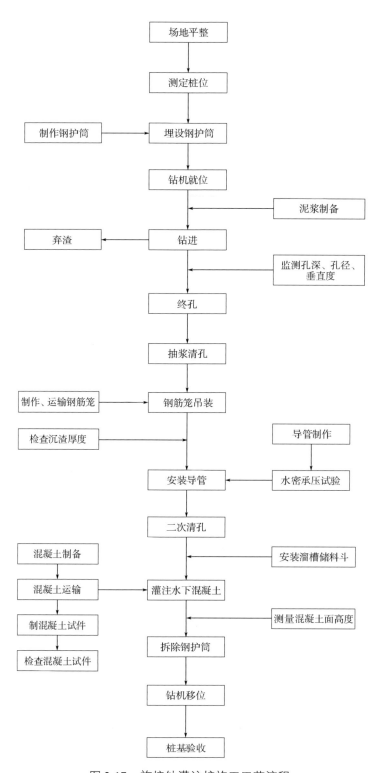

图 2-17 旋挖钻灌注桩施工工艺流程

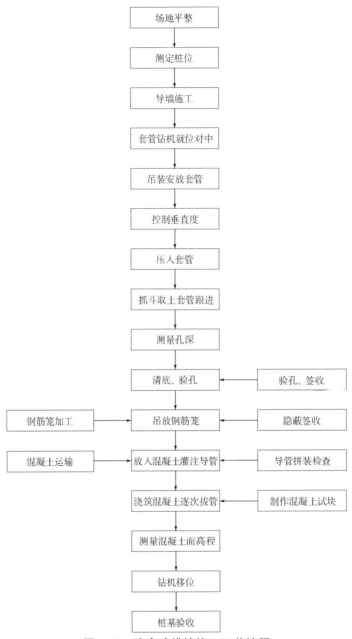

图 2-18 咬合式排桩施工工艺流程

2.2.4 施工要点

1. 分离式排桩、双排式排桩施工要点

1）人工挖孔桩施工要点

人工挖孔桩适用于桩径 800mm 及以上，桩长 30m 以下，无有害气体、无地下水的地层,适用范围广,但存在安全风险,施工效率低。

(1)施工准备。

孔口井圈顶面应比场地高出 100~150mm,壁厚应比下面井壁厚度增加 100~150mm。孔口四周 2m 范围内设置临时排水沟,防止地表水流入孔内。孔口四周应搭设防护围栏和安全警示标志,围栏高度不小于 1.2m,如图 2-19 所示。

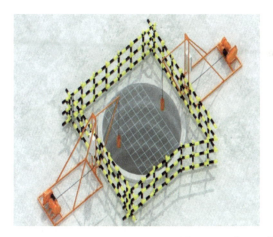

图 2-19　孔口及防护示意

(2)孔桩开挖。

孔内挖出的渣土装入吊桶,采用自制提升设备将渣土垂直运输到地面,堆积到指定地点。每节开挖都需施作护壁(图 2-20),以保持孔壁稳定,确保安全,护壁长度可根据实际地质情况确定。

图 2-20　人工挖孔桩施作护壁

(3)桩基中心位置检测。

每一节段桩孔开挖完成后,检查孔径、垂直度及中心偏位,符合要求后方可支模板,以保证整个桩基的护壁厚度、孔径及垂直度。

(4)通风措施。

每日开工前必须检测井下的有毒、有害气体情况,并进行通风(必要时送入氧气)。下井作业前强制通风不得少于30min,作业中每隔2h进行一次强制通风。

(5)钢筋笼加工及安装施工。

钢筋应在施工现场集中分段制作,场地要平整,钢筋笼应设置内撑防止变形。根据吊装能力,一般钢筋每节长度为9~11m,钢筋在制作时主筋端头应错开。吊装时,吊车臂范围严禁无关人员进入,起吊平稳。

(6)混凝土灌注。

①在高处浇灌时,必须用漏斗和串筒送至孔底,下料口离混凝土面距离不得大于2m,并用插入式振动棒振实,振动时应快插慢拔,以防止混凝土发生离析现象。

②桩体混凝土要从桩底到桩顶高程一次完成,当遇停电等特殊原因,必须留施工缝时,要求在混凝土面周围加插适量的短钢筋,在灌注新的混凝土前,缝面必须凿除浮浆,并清理干净,不得有积水和隔离物质。

③在灌注混凝土过程中,注意防止地下水进入,若积水层超过50mm,应设法把混凝土表面积水层用导管吸干,再灌注混凝土。当渗水量大于$1m^3/h$时,应按水下混凝土操作规程施工。

2)冲击钻、旋挖钻灌注桩施工要点

冲击钻适用于各种地质状况,从黏性土、砂性土到砾石层、卵石、漂石,再到软岩、硬岩。在硬质岩层中,桩基成孔速度较快。设备构造简单,适用范围广,操作方便。

旋挖钻适用于黏性土、砂性土,含有少量砾石层、卵石的土,软岩、冻土等地层,硬岩层。成孔速度较慢。设备振动小、噪声低、机动性强、施工操作方便。

(1)施工准备。

清除场地内所有地上、地下障碍物;排除地面积水;铺筑临时道路。

(2)测定桩位。

桩位放线时应确保准确无误,桩位可采用"十"字法,将桩中心引至护筒周围,并作专门保护,不得损坏,待需要时恢复桩中心。

(3)钢护筒制作与埋设。

根据地质实际情况及施工工艺,钻孔前需埋设临时钢护筒(图2-21)。孔口护筒或管埋设主要内容如下:

①护筒内径应大于桩孔直径100~300mm,松散易坍塌地层选大值,密实稳定地层选小值。

②护筒顶宜高出施工水位或地下水位2.0m,并高出施工地面0.3~0.5m。同时,其高度应满足孔内泥浆面高度的要求。

③孔口护筒或套管埋设后,其中心与桩位中心的偏差应小于50mm。

④孔口护筒的底端应埋设到不透水的稳定层。

⑤对于不稳定地表土孔口护筒埋设,应对周围进行换土填实或预处理。

图2-21 测量定位与钢护筒埋设

(4)泥浆制备。

制浆土以造浆能力强、黏度大的黏土为佳,就近择优,原则上采取原土造浆的方式,若受桩基地质条件限制,原土造浆困难,不能满足规定的泥浆指标要求,则外运膨润土进行造浆。

(5)钻进。

钻进过程中应及时收集、保存渣样。每钻进1m或地层变化处,应在钻头中选取钻渣样品,查明土类并记录,及时排除钻渣。根据不同地质情况调整泥浆指标和钻进速度,认真填写钻孔成孔记录。钻进施工如图2-22、图2-23所示。

(6)钢筋笼加工及安装。

钢筋应在施工现场集中分段制作,场地要平整,钢筋笼应设置内撑防止变形。根据吊装能力,一般钢筋每节长度为9~11m,钢筋在制作时主筋端头应错开。吊装时,吊车臂范围严禁无关人员进入,起吊平稳。

(7)混凝土灌注。

①导管宜采用直径为 200~300mm 的多节钢管,管节连接应密封、牢固,施工前应试拼并进行水密性试验及接头抗拉试验。

②导管底端到孔底的距离应为 0.3~0.5m,不得将导管插向孔底。

③开灌前储料斗内必须有足以将导管的底端一次性埋入 1m 以上深度的混凝土储存量。

④随着混凝土的上升,要适当提升和拆卸导管,导管底端埋入混凝土面以下一般应保持 2~6m,不宜大于 6m、不得小于 2m,严禁把导管底端提出混凝土面。

⑤混凝土灌注应连续进行,不得中断。

⑥应控制最后一次混凝土的灌注量,不使桩顶超高或偏低过多,一般应控制在设计桩顶高程以上约 0.8~1m。

图 2-22 冲击钻钻进施工

图 2-23 旋挖钻钻进施工

2. 咬合式排桩施工要点

咬合式排桩一般采用"全套管钻机 + 超缓凝混凝土"进行施工,在成孔、成桩过程中始终有超前钢套管护壁,所以无须泥浆护壁,也无须排放泥浆,近于干法成孔,机械设备噪声低,振动小,大大减少工程施工时对环境的污染,有利于文明施工。

1)施工准备

依据设计图纸计算各桩位的坐标,并确定每个桩孔与相邻控制点的位置关系。经复核无误后,在施工现场内实地放出,同时,以桩中心为交点,在纵向和横向埋设好护桩。

2)导墙施工

导墙施工工艺流程详见图 2-24。

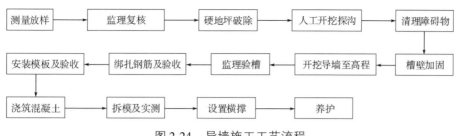

图 2-24　导墙施工工艺流程

导墙施工应满足以下要求：

(1) 导墙强度达到 70% 后方可拆模，拆模后，应沿纵向设木支撑，以防止导墙向内挤压。

(2) 导墙混凝土养护期间重型机械设备不得在导墙附近作业、停留，成槽前支撑不得拆除，以免导墙变位。

3）钻机就位

钻机安放前，将桩孔周边地面夯平，确保钻机机身安放平稳，钻机就位时确保钻头中心及桩位中心在同一铅垂线上，其对中误差小于 10mm。

4）钢套管安装

在套管压入过程中，用全站仪或测锤不断校核垂直度。当套管垂直度相差不大时，固定钻机下夹具，利用钻机上夹具来调整垂直度；当套管垂直度相差较大时，应拔出套管来重新埋设，或将钻机前后左右移动使之对中。

5）钻进

先压入带刃尖的第一节套管，压入深度约 2.5~3m，边抓土，边下压套管，始终保持套管底口超前于取土面且深度不小于 2.5m；第一节套管全部压入土中后（地面以上要留 1.5m，以便于接管）检测成孔垂直度，不合格则进行纠偏调整，合格则安装第二节套管，下压取土，直到设计孔底高程。

6）钢筋笼加工及安装

钢筋应在施工现场集中分段制作，场地平整，钢筋笼应设置内撑防止变形。根据吊装能力，一般钢筋每节长度为 9~11m，钢筋在制作时主筋端头应错开。吊装时，吊车臂范围严禁无关人员进入，起吊平稳。

7）混凝土灌注

孔内有水时，采用水下混凝土法灌注施工。孔内无水时，采用干孔灌注施工。开始灌注混凝土时，应先灌入 2~3m³ 混凝土（约 2m 深时）将套管搓动后提升 20~30cm，以确定机械上拔力是否满足要求。不能满足时，则应采用吊车辅助起吊。灌注过程中应确保混凝土高出套管端口不小于2.5m,防止上拔过快造成断桩事故。

8) 钢套管拔出

一边灌注混凝土一边拔管,应注意始终保持套管底低于混凝土面2.5m以上。

9) 软切割施工

软切割施工应符合下列规定:

(1) Ⅱ序桩应待相邻Ⅰ序桩混凝土初凝前切割成孔,Ⅰ序桩应采用超缓凝混凝土,Ⅱ序桩采用普通混凝土。

(2) 超缓凝混凝土缓凝时间不应小于60h;超缓凝混凝土干孔灌注时的坍落度不宜大于140mm,水下灌注时的坍落度不宜大于180mm。

(3) 起始桩前应设置砂桩(1号桩),并应在砂桩接缝处采取止水处理措施。

(4) 咬合式排桩的施工顺序为,先施工Ⅰ序桩,再在相邻两Ⅰ序桩间施工Ⅱ序桩,即 I1—I2—Ⅱ1—I3—Ⅱ2—I4—Ⅱ3……如图2-25所示。

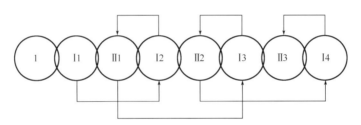

图2-25 咬合式排桩施工顺序示意

2.3 SMW工法桩施工技术

2.3.1 施工工艺原理

SMW工法桩,是一种连续套接的三轴水泥土搅拌桩内插入型钢形成的复合挡土隔水结构。

利用专门的三轴搅拌桩机在原地层钻进切削土体,同时在钻头端部低压注入水泥浆液,与切碎土体充分搅拌均匀,水泥、土体和水一起搅拌后混合物的固结体称为水泥土,随着灰结反应的持续,水泥土的强度得以提高,通过连续的重叠搭接施工,在水泥土浆液尚未硬化前将型钢插入桩体内形成地下连续墙,该墙体既能发挥挡土作用,又有挡水作用。软土地层三轴搅拌机钻头如图2-26所示。

图 2-26 软土地层三轴搅拌机钻头

2.3.2 特点及适用范围

1. 特点

（1）适用于土质差或地质环境恶劣的土层。

（2）施工不扰动邻近土体，不会产生邻近地面沉降、房屋倾斜、道路裂损及地下设施移位等危害。

（3）钻杆具有螺旋推进翼与搅拌翼相间设置的特点，随着钻进和搅拌反复进行，可使水泥系强化剂与土得到充分搅拌，而且搅拌桩机连续作业的墙体全长无接缝，从而比传统的连续墙具有更可靠的止水性，其渗透系数 k 可达 $1\times 10^{-7}\mathrm{cm/s}$。

（4）由于内插型钢，水泥系强化剂与地基土混合后，成墙的厚度大，工程中一般使用的厚度为 550~1300mm，常用的厚度为 600mm；成墙的深度较大，深度可达到 65m，在地质条件较好时，可达到更大深度。

（5）对周边住户影响小，施工时噪声低。

（6）施工速度快，环境污染小，外运泥土量较少。

（7）型钢插入深度一般小于搅拌桩深度，后期型钢可以回收重复利用。

2. 适用范围

SMW 工法适用于淤泥、淤泥质土、黏性土、粉质黏土、粉土、砂土、砂砾土、粒径小于 100mm 的卵石层等软弱地层。

2.3.3 施工工艺流程

SMW工法桩施工主要包括导沟开挖、桩机定位、搅拌施工、水泥浆制作、型钢的插入和拔除等工艺流程,其施工工艺流程如图2-27所示。

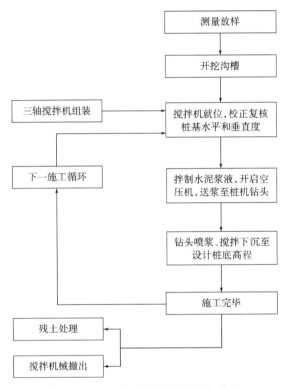

图 2-27 SMW 工法桩施工工艺流程

2.3.4 施工要点

1. 施工前准备

施工前做好场地平整、清理障碍物,桩机设备安装;同时,安装灰浆制备系统,包括工作平台、制浆设备及泵送设备、灰浆流动制备站。

2. 场地平整

三轴搅拌机施工前,必须先进行场地平整,清除施工区域内的表层障碍物,素土回填夯实。场地平整示意如图2-28所示。

图 2-28　场地平整示意

3. 测量放线

根据交桩记录提供的坐标基准点,依据施工图放出桩位控制线,设立临时控制桩,现场布置控制点,施工前依照控制点测放桩位,临时定位桩可采用木桩,并在桩顶刻画"+"做好桩心标记。测量放线示意如图 2-29 所示。

图 2-29　测量放线示意

4. 开挖导槽

(1)导槽起定位和导向作用,采用挖掘机开挖。根据基坑围护内边控制线,采用挖掘机开挖沟槽,并清除地下障碍物,须保证导槽内壁面的垂直精度达到规范要求。

(2)施工放样以搅拌桩的中心线为导槽的中心线。

(3)在导槽沟的两侧设置可以复原导槽中心线的标桩,以便在已经开挖好导槽沟的情况下,也能随时检查导槽的走向中心线,并对后续桩机就位提供定位和导向作用。导槽开挖示意如图 2-30 所示。

5. 设置定位型钢

顺搅拌桩施工方向,沿导槽两侧固定两根定位工字型钢,固定后,需与测量放样桩位进行二次复核,无误后方可进行下部施工。导向沟开挖和定位型钢设置如图 2-31 所示。H 型钢定位装置如图 2-32 所示。

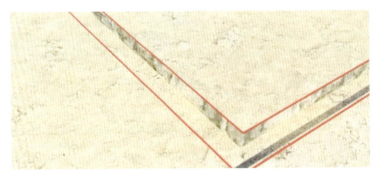

图 2-30　导槽开挖示意

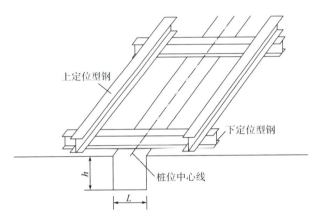

图 2-31　导向沟开挖和定位型钢设置

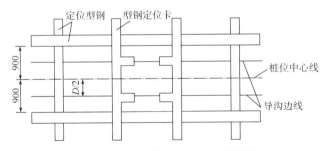

图 2-32　H 型钢定位装置示意(尺寸单位：mm)

6. 搅拌桩机定位、调正

(1)移动搅拌桩机到达作业位置,并调整桩架垂直度到 0.3% 以内。

(2)搅拌桩机应平稳、平整,每次移机后可用水平尺或水准仪检测桩机平台的平整,桩架垂直度指示针可调整桩架垂直度,并用线锤对立柱进行垂直定位观测,以确保搅拌桩机的垂直度;用全站仪经常校核,全站仪检测频率为每天至少一次。

(3)搅拌桩机定位后再进行定位复核,偏差值应小于3cm。

(4)为控制钻管下钻深度达标,利用钻管和桩架相对错位原理,在钻管上划出钻孔深度的标尺线。

(5)根据三轴搅拌桩三轴中心间距在平行H型钢表面用红漆划线定位,施工过程中按此定位进行施工作业。

7. SMW工法桩施工

(1)施工顺序。SMW工法桩可按图2-33进行施工,其中阴影部分为重复套钻,保证墙体的连续性和接头的施工质量,该施工顺序一般适用于标准贯入击数小于50的地基土,保证桩与桩之间充分搭接,以达到止水作用。

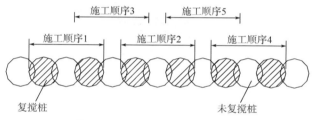

图2-33 SMW工法桩施工顺序

(2)正式施工前通过试桩确定施工参数,包括浆液到达喷浆口的时间、提升速度等。施工前必须清除现场地面、地下一切障碍物,开机前必须调试、检查搅拌桩机运转及输浆管畅通情况。

(3)浆液拌制及喷浆搅拌。三轴水泥搅拌桩在下沉和提升过程中均应注入水泥浆液,同时严格控制下沉和提升速度。下钻速度一般不大于1m/min,下钻过程中注浆压力一般为1.5~2.5MPa,水泥浆必须不间断供应,压浆阶段不允许发生断浆现象,输浆管道不能堵塞,全桩应注浆均匀,以保证不出现夹心层现象。到设计桩底高程后提升复搅,提升搅拌速度一般在1.0~1.5m/min。搅拌桩机钻进示意如图2-34所示。

(4)发生管道堵塞,立即停泵处理,待处理结束后把搅拌钻具下沉1.0m后方能注浆,等10~20s恢复向上提升搅拌,以防断桩。当相邻桩的施工因故停止超过8h时,重新进行套打搅拌。当因相隔时间过长,致使第二根桩无法搭接时,应在设计认可下采取局部补桩或注浆措施。

(5)H型钢加工及下插H型钢。搅拌桩完成后30min内插入H型钢,若水灰比或水泥掺入量较大时,H型钢的插入时间可相应增加。当H型钢长度不够需进行拼焊时,要确保H型钢的平整度和垂直度，不允许有扭曲，单根型钢中焊接接头不宜超过2个，焊接接头的位置应避免设在支撑位置或开挖面附近等型钢受力较大处；相邻型钢的接头竖向位置宜相互错开，错开距离不宜小于1m，且型钢接头距离基坑底面不宜小于2m。型钢下插施工方式示意如图2-35所示，成桩效果如图2-36所示。

图2-34　搅拌桩机钻进示意

图2-35　型钢下插施工方式示意

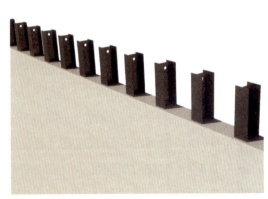

图2-36　成桩效果

（6）涂刷减摩剂。根据设计要求，支护结构的H型钢在结构强度达到设计要求后需要拔出回收，H型钢在使用前必须在表面均匀涂刷减摩剂，以利拔出。

（7）型钢的拔除。清除圈梁顶部障碍物，暴露出H型钢。吊车停在便道上，安装起拔油缸及夹具。顶部设有圈梁，作为起拔H型钢反力梁。油缸顶升型钢，起吊H型钢。为避免拔出H型钢后其孔隙对周围建筑及场地地下土层结构的影响，拔出H型钢后及时填充，以水泥浆液为主。拔桩机拔除型钢施工方式如图2-37所示。

图 2-37 拔桩机拔除型钢

2.4 钢板桩施工技术

2.4.1 特点及适用范围

1. 特点

施工相对简单,不需要大型施工设备,可实现快速施工,大大缩短工期。可以拔出重复使用,费用较省,但如拔不出或不拔,则浪费较大。打桩时易倾斜,咬合不好,易渗水、涌沙。钢板桩的刚度较其他的小。

锤击钢板桩有噪声、振动,会扰民。

2. 适用范围

主要适于软土、淤泥质土及地下水多的地区,易于施工。密砂及硬黏土地质中施工困难。

2.4.2 施工工艺原理

当钢板桩接触地基时,通过机械密封技术将桩体外围密封,形成一个完整的支撑体系,当下桩时,不会破坏地基,地基土会被钢板桩分割,从而使地基土上部和下部分别形成压实层和稳定层;当地基土受到压力时,稳定层会有效支撑地基,确保工程稳定性。

2.4.3 施工工艺流程

钢板桩施工工艺流程主要包括施工准备、主体结构定位、围护结构钢板桩定位放线、挖沟槽、沉打钢板桩和拔除等。

2.4.4 施工要点

（1）邻近建（构）筑物及地下管线的钢板桩围护墙，宜采用静力压桩法施工，并根据检测情况控制压桩速率。

（2）钢板桩打设前宜沿钢板桩两侧设置导架。导架应有一定的强度及刚度，不得随钢板桩打设而下沉或变形，施工时应经常观测导架的位置及高程。

（3）钢板桩打设宜采用振动锤，锤击时应在桩锤与钢板桩之间设置桩帽，打设时应重锤低击。

（4）钢板桩可采用单桩打入及屏风式打入法，最后闭合处宜采用屏风式打入法打设。半封闭和全封闭的钢板桩，应根据钢板桩的规格和封闭段的长度计算钢板桩的块数。

（5）钢板桩施工应符合下列要求：

①钢板桩的规格、材质与排列方式应符合设计或施工工艺的要求。钢板桩堆放场地应平整坚实，组合钢板桩堆高不宜超过3层。

②钢板桩打入前应进行验收，桩体不应弯曲，锁口不应有缺损和变形；后续桩和先打桩间的钢板桩锁扣使用前应通过套锁检查。

③桩身接头在同一截面内不应超过50%，接头焊缝质量应不低于Ⅱ级焊缝要求。

④钢板桩拔出后的空隙应及时注浆充填密实。

2.5 土钉墙施工技术

2.5.1 施工工艺原理

土钉墙是用于土体开挖时保持基坑侧壁或边坡稳定的一种挡土结构，主要由密布于原位土体中的细长土钉、黏附于土体表面的钢筋混凝土面层及土钉之间的被加固土体组成，是具有自稳能力的原位挡土墙，可抵抗水土压力及地面附加荷载等作用力，从而保持开挖面稳定。

2.5.2 特点及适用范围

1. 特点

（1）形成土钉复合体，可显著提高边坡的整体稳定性，并能承受边坡的超载。

(2)施工设备简单,由于钉长一般比土钉的长度小得多,不加预应力,所以设备简单。

(3)随基坑开挖逐层分段开挖作业,不占或少占单独作业时间,施工效率高,周期短。

(4)施工无须单独占用场地,在现场狭小、放坡困难、有近距离建筑物时显示其优越性。

(5)土钉墙成本较其他支护结构低。

(6)施工噪声小、振动小,不影响环境。

2. 适用范围

土钉墙适用于地下水位以上或经人工降水后的人工填土、黏性土和弱胶结砂土的基坑支护或边坡加固。适用于含水丰富的粉细砂、中细砂及含水丰富且较为松散的中粗砂、砾砂及卵石层等;缺少黏聚力的、过于干燥的砂层及相对密度较小、均匀度较好的砂层;淤泥质土、淤泥等软弱土层;膨胀土;强度过低的土,如新近填土等。

复合土钉墙适用于深厚的淤泥质土、淤泥等软弱土层。

2.5.3 施工工艺流程

土钉墙施工工艺流程如图 2-38 所示。

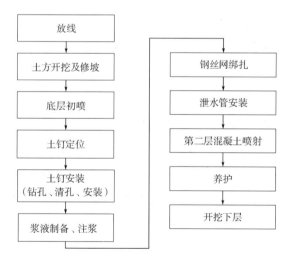

图 2-38 土钉墙施工工艺流程

打入钢管注浆型土钉时不需要钻孔、清孔过程,可直接用机械或人工打入。

复合土钉墙施工工艺流程如图 2-39 所示。

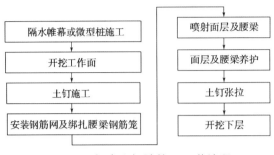

图 2-39　复合土钉墙施工工艺流程

2.5.4　施工要点

1. 放样

根据设计要求,施工前在基坑四周划定地面排水沟的尺寸,确定每段每道土钉墙施工的基坑,并用木桩和石灰等做出开挖线标记,然后开挖边线。

2. 土方开挖及修坡

土方开挖作业采用分层开挖、分层支护,边开挖边支护的方式进行。一般可采用反铲挖掘机,预留20～30cm人工修坡,开挖深度在土钉孔位置以下50cm左右,开挖宽度应保证在10m以上,每层开挖深度要不大于2m,最大限度地减少对支护层的扰动,前一层土钉完成注浆1d以上,可进行下一层边坡的开挖。要密切配合土方开挖和支护施工,使开挖进程和土钉墙施工作业形成循环。开挖后要及时进行人工修坡,尽量缩短边坡土体的裸露时间,并在边坡修整完后立即喷射底层混凝土。

3. 底层初喷

为使土钉墙施工中挖好的坡面不发生垮塌,土方开挖后应立即预喷混凝土。混凝土一般采用强度等级为C20的细石混凝土,预喷的厚度为30～50mm,混凝土材料的配合比为水泥:石子=1:1,水灰比为0.5～0.6。喷射混凝土施工作业按照分段分片的方式依次进行,同一段内采用自下而上的喷射顺序。另外,喷射混凝土终凝后要及时喷水养护3d左右。

4. 土钉安装

1)钻孔

应根据地质条件、周边环境、设计参数、工期要求、工程造价等综合选用适合的成孔机械设备及方法。钻孔注浆土钉成孔方式可分为人工洛阳铲掏孔及机械成孔,机械成孔有回转钻进、螺旋钻进、冲击钻进等方式。成孔方式分为干法和湿法两类,需靠水力成孔或泥浆护壁成孔的方式为湿法,不需要时则为干法。

2)清孔

为保证注浆质量,注浆前需用清水洗孔,直到孔口流出清水为止。注浆时应先高速低压从孔底注浆,当水泥浆从孔口溢出后,再低速高压从孔口注浆。清孔一般采用水洗或气洗的方式。水洗时仍使用原成孔机械冲清水洗孔,但洗孔时间不宜过长,否则容易塌孔;气洗时使用压缩空气,压力一般为 0.2~0.6MPa。水洗及气洗均需将水管或风管通至孔底后开始清孔,边清边拔。

3)安装

(1)安装土钉前必须进行隐蔽项目检查验收,对局部孔中出现的渗水塌孔或掉落松土,应立即清除。

(2)在安放土钉时,应避免杆体扭压、弯曲;注浆管要与土钉一起放入孔内,杆体放入角度与钻孔倾角保持一致;注浆管应插至距孔底 25~50cm 处,为保证注浆饱满,在孔口部位设置浆塞及排气管;土钉钢筋宜采用 HRB335、HRB400 级钢筋,钢筋直径宜为 16~32mm;插入深度不得小于设计要求的 90%,安装后不得敲击、碰撞。

5. 浆液制备、注浆

(1)注浆材料宜选用水泥浆或水泥砂浆。水泥浆的水灰比为 0.4~0.45;水泥砂浆配合比宜为 1∶1~1∶2(质量比),水灰比宜为 0.38~0.45。

(2)水泥浆、水泥砂浆应拌和均匀,随拌随用,一次拌和的水泥浆、水泥砂浆应在初凝前用完。

(3)为防止水泥浆或水泥砂浆在硬化过程中产生干缩裂缝,提高其防腐蚀性能,保证浆体与周围土壁的紧密黏合,可掺入一定量的膨胀剂,具体掺入量可由试验确定,以满足补偿收缩为准。另外,为提高水泥浆的早期强度,加速硬化,可掺入速凝剂或早强剂。

(4)水泥浆凝结硬化后会产生干缩,在孔口要进行二次甚至多次补浆。

6. 绑扎钢筋网

将钢筋网片按照设计要求绑扎连接,其长度及相邻搭接接头错开长度应符合规范要求。钢筋网绑扎完成后,再在其上面焊接加强筋,从而使土钉、钢筋网、加强筋连成一体。钢筋网片用插入土中的钢筋固定,与坡面保持 3~4cm 间隙,搭接时上下左右一根对一根搭接绑扎,搭接长度应大于30cm,并且焊点不少于两点。

铺设钢筋网应符合下列规定:钢筋网应在喷射第一层混凝土后铺设,钢筋与第一层喷射混凝土的间隙不宜小于20mm;铺设 ϕ200mm 的钢筋网格;施工采用 20mm 厚的垫块;土钉与钢筋网采用14mm 钢筋通长连接,确保土钉与混凝土面层的可靠连接。

7. 喷射第二次混凝土

复喷应在加强筋与土钉头焊接完成后进行。为防止在钢筋背部出现空隙,应先喷填钢筋的后方,再喷填钢筋前方;为保证土体与墙面的有效连接,可采用加强钢筋与土钉和分布钢筋连接,也可采用承压垫板方法连接。喷射混凝土采用复合硅酸盐水泥,砂采用含水率在5%~7%、最大粒径不大于10mm的坚硬、耐久的中砂。喷射操作手应控制好水灰比,保持混凝土表面平整、湿润光泽,无干斑或流淌现象。

8. 降排水

施工时应提前沿坡顶挖设排水沟排除地表水,并在第一段开挖喷射混凝土期间用混凝土做排水沟覆盖面。

浅部排水:施工时采用直径30mm、向上斜5°或10°、长度通常为300~500mm、带孔的塑料排水管,竖向间距为1.5m,水平间距为5.0m,梅花状布置排列。

坡面排水:在喷射混凝土坡面前,贴着坡面按一定的水平间距布置竖向排水措施,一般为5m。这些排水管在每段开挖的底部有一个接口,贯穿整个开挖面,在最底部由泄水孔排入集水系统,排水道可用土工合成材料包扎,防止喷射混凝土时渗入混凝土。坡面排水也可代替前述浅部排水。

9. 养护

为加强基坑支护效果,在喷射混凝土时可加入3%~5%的早强剂。养护面层喷射混凝土完毕并终凝后,应在12h内进行覆盖养护,12h以后第一次浇水养护,日淋水不少于3次,养护时间不少于14d。

10. 监测

在基坑支护施工过程中,要建立全过程跟踪监控,对基坑及其周边环境随时进行监测,根据监测信息及时采取相应对策,以确保基坑施工工程、周围设施和建筑物的安全稳定。

2.6 特殊工况施工技术

2.6.1 锚栓吊脚桩

1. 施工工艺原理

锚栓吊脚桩是一种应用于高岩面地质条件下基坑开挖的支护形式,桩体为钻孔灌注桩,桩身进入中风化或微风化岩层1.5m以上,但桩底高程比基坑开挖底部高程要高,从而形成吊脚桩。为了保证施工安全,基坑开挖至距钻孔灌注桩底端1.5m位置时,采用锁脚锚杆加固桩体,桩体以下利用岩层自身稳定性配合喷锚支护形成基坑支护结构。

2. 特点及适用范围

1)特点

(1)钻孔灌注桩桩底高程比基坑底高程要高,成桩长度短,施工工期短,施工简单,造价成本低。

(2)在吊脚桩桩底至基底范围内,利用岩层自稳性并配合普通砂浆锚杆,保证基坑侧壁围岩稳定。

2)适用范围

城市地铁或其他深基坑采用钻孔灌注桩+内支撑围护结构形式,地质为上覆土层或软弱岩层、下层为高强度岩层,导致钻孔灌注桩钻进困难,严重影响工期时,可采用本工法。

3. 施工工艺流程

锚栓吊脚桩施工工艺流程如图2-40所示。

4. 施工控制要点

(1)钻孔灌注桩施工部分控制要点详见2.2节。
(2)锁脚锚杆施工。

锁脚锚杆一般采用砂浆锚杆,钻孔采用风动凿岩机。水泥砂浆强度等级不应低于M20。水泥砂浆黏结剂采用42.5级以上新鲜硅酸盐水泥,砂的粒径不大于2.5mm,并掺加5%氧化镁膨胀剂。砂浆配合比为水泥:砂=1:1;水灰比为0.8~1。用注浆泵将水泥砂浆注入孔内,砂浆填充锚杆孔体积的2/3后停止,并及时将加工好的杆体插入。锁脚锚杆桩体左右各一根,锚杆插入后左右两侧锁脚锚杆相互搭接满焊。

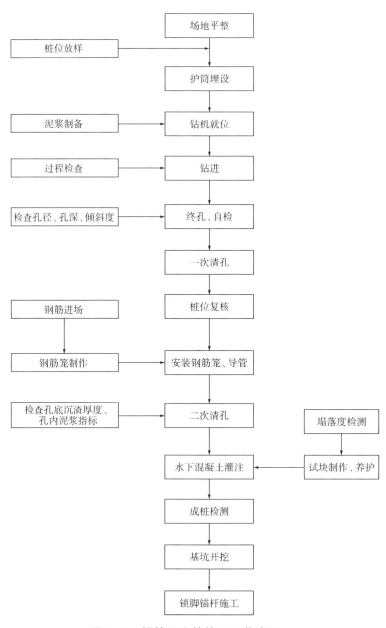

图 2-40　锚栓吊脚桩施工工艺流程

2.6.2 TRD 工法

1. 施工工艺原理

TRD 工法是将满足设计深度的附有切割链条以及刀头的切割箱插入地下,在进行纵向切割横向推进成槽的同时,向地基内部注入水泥浆以达到与原状地基的充分搅拌,在地下形成等厚度连续墙的一种施工工艺。工艺以链锯式刀具为主要刀具,在插入地基过程中链锯式刀具与主机连接,回旋刀链锯可竖向垂直或横向水平移动切割地下土体,同时,以水泥作为硬化剂。通过刀具在施工现场按照设计深度和护壁设计宽度将土体切割,在刀具端头喷出水泥浆硬化剂注入土体的同时,注入高压空气,使水泥浆与原位土体充分混合、搅拌,将原位土体固结,从而形成一道等厚度的连续墙,然后在水泥硬结前按照设计间距插入 H 型钢作为加强材料,待水泥土硬结后形成一道具有一定刚度和强度的型钢水泥复合挡土墙。

2. 特点及适用范围

1)特点

(1)适用多种工况作业:TRD 工法机主机(图 2-41)采用液压步履底盘,横移直线度好,适应各种复杂施工场地,具有横切式施工方式和组合式短矮立柱结构特点,整机地面部分最大高度 10m,能适应多种施工场地复杂工况作业。

图 2-41 TRD 工法机主机

(2)整机高度低,安全性能好,施工深度大。TRD工法机整机重心低,整机高度仅10m,稳定性好,施工深度可达36m(可根据工况配置最深60m),适用于高度有限制的场所,可在高架桥下施工。

(3)成墙效果好:TRD工法桩为垂直于地面进行土壤和水泥浆混合搅拌的施工,可在不同土层形成均匀、等厚、连续、无搭接的挡土墙。

(4)可形成多规格墙体:TRD工法机可进行550~900mm内各种宽度的墙体施工。

2)适用范围

(1)适用于标准贯入击数小于100击的软、硬质土层,中粗砂层,还可以在颗粒直径小于100mm的卵砾石层和全风化、强风化软岩层施工。

(2)TRD工法广泛应用于防护、止水墙等。

3. 施工工艺流程

TRD工法桩施工工艺流程如图2-42所示。

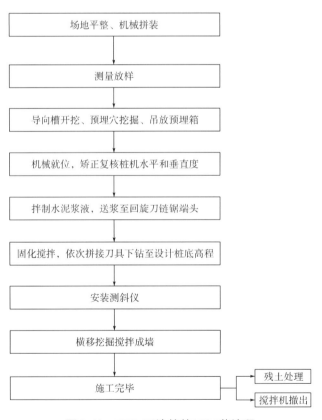

图2-42 TRD工法桩施工工艺流程

4. 施工控制要点

(1)场地平整。施工前利用水准仪实测场地高程,利用挖掘机进行场地平整,对于影响 TRD 工法成墙质量的不良地质和地下障碍物,应事先予以处理后再进行 TRD 工法桩施工;对于埋深在 2.5m 以内的障碍物,直接利用挖掘机开挖、清除,并及时采用素土分层回填夯实;对于埋深在 2.5m 的地下障碍物,应采用加长臂进行简易的放坡开挖、清除,必要时采用旋挖钻机进行破除、清理。清障结束后产生较大的空洞,采用 8% 的水泥掺入素土分层夯实、整平,以确保地基承载力满足大型施工机械稳定行走的要求。

(2)开挖导向沟槽。开挖前在沟槽边应设置定位钢板或混凝土导墙,有利于定位准确、提高地表层的地基承载力,局部土层松软、低洼的区域,必须及时分层回填素土并夯实。施工前根据 TRD 工法设备重量,采用铺设定位钢板时,钢板铺设不应少于 2 层,垂直于沟槽方向铺设,确保施工场地满足机械设备地基承载力的要求,确保桩机、切割箱的垂直度。采用混凝土导墙时,导墙宜筑于密实土层上,并高出地面 100mm,导墙净距应比设计墙体宽度宽 40~60mm。

(3)施工时应保持 TRD 工法桩机底盘的水平和导杆的垂直,施工前采用测量仪器进行轴线引测,使 TRD 工法桩机正确就位,并校验桩机立柱导向架垂直度,偏差应小于 1/250。

(4)为保证质量,注入液制备和各环节应采用全自动注浆制备和注入装置。设备的型号选择应保证具有充足的容量和注入制备能力,满足每日注入液最大需求量,同时,送浆速度应与 TRD 主机移动速度匹配。

(5)切割箱自行打入时,在确保垂直精度的同时,将挖掘液的注入量控制到最小,使混合泥浆处于高浓度、高黏度状态,以便应对急剧的地层变化。挖掘液采用纳基膨润土拌制,每立方被搅土体掺入约 $100kg/m^3$ 的膨润土,挖掘液混合泥浆流动度宜控制在 160~240mm。

(6)施工时应安装多段式倾斜仪,实时监控墙体的施工状态,施工过程中可通过安装在切割箱体内部的测斜仪,进行墙体的垂直度精度管理,墙体的垂直度不大于 1/200。

(7)成墙施工应根据土层性质、施工深度分步进行,施工过程中应根据功率确定刀具链条的旋转速度,根据周边的环境、土质条件、机具功率确定每次切割步进距离。施工时,步进距离不宜过大,容易造成墙体偏位、卡链等现象,不仅影响质量还对设备损伤大,一般每次步进距离宜控制在 50mm 以内。当天成型的墙体应搭接已成型墙体不小于

50cm,搭接区域应严格控制掘进速度,使固化液与混合泥浆充分混合、搅拌,搭接施工中需放慢搅拌速度,保证搭接质量。

(8) TRD 工法成墙搅拌结束后或因故障停机时,切割箱体应远离成墙区域不少于 3m,并注入高浓度的挖掘液进行临时退避养生操作,防止切割箱被抱死。

(9) 工作面施工完成后,拔出切割箱,利用 TRD 工法机主机依次拔出,时间控制在 4h 以内,同时,在切割箱底部注入等体积的混合泥浆。拔出切割箱时不应使孔内产生负压而造成周边地基沉降,注浆泵工作的流量应根据切割箱的拔出速度进行调整。

2.6.3 重力式挡土墙

1. 施工工艺原理

重力式挡土墙是指依靠墙身自重抵抗土体侧压力的挡土墙,重力式挡土墙可用块石、片石、混凝土预制块作为砌体,或采用片石混凝土、混凝土进行整体浇筑。

2. 特点及适用范围

1) 特点

(1) 重力式挡土墙形式简单,施工方便,可就地取材,适应性强,经济效果好。

(2) 由于重力式挡土墙靠自重维持平衡稳定,所以墙身截面大,圬工数量大,对地基承载力要求高。

(3) 重力式挡土墙根据其墙背的坡度可分为仰斜、俯斜、直立三种类型。

2) 适用范围

采用重力式挡土墙时,土质边坡高度不宜大于 10m,岩质边坡高度不宜大于 12m。

3. 施工工艺流程

重力式挡土墙施工工艺流程如图 2-43 所示。

4. 施工控制要点

1) 基坑开挖控制要点

(1) 挡土墙基础采用挖掘机,人工配合进行开挖,采用分段跳槽的开挖方式,分段位置宜结合伸缩缝、沉降缝等设置确定,长度一般为 10~15m。机械开挖至基底设计高程时,重新进行测量放样,在确定开挖正确不偏位的情况下改用人工进行基底清理。挡土墙基底纵坡不宜大于5%,当大于5%时,应在纵向将基础做成台阶式。

(2)基坑开挖做好场地临时排水措施,坑内积水应及时排干。对受水浸泡的地基土,特别是松软淤泥应全部予以清除,换填透水性和稳定性良好的材料,并夯填至设计高程。

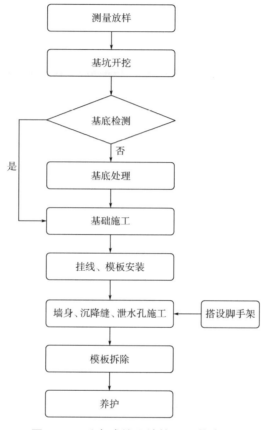

图 2-43　重力式挡土墙施工工艺流程

2)基础施工控制要点

(1)混凝土施工前应先对模板安装的牢固性、缝隙处的平整度和严密性进行检查,并确保内部无杂物和积水。

(2)混凝土浇筑时自由落差一般不大于2m,当大于2m时,应采用导管或溜槽疏松混凝土。

(3)混凝土振捣应以混凝土不下沉、无显著气泡、表面平坦并开始浮现水泥浆为度。

3)墙身施工控制要点

(1)墙身施工前应对基础表面进行凿毛处理,并在混凝土浇筑前在接合处均匀浇筑15~20mm厚与墙体混凝土强度等级相同的减石子混凝土。

(2)混凝土浇筑前模板表面应清理干净并将模板拼缝处进行打磨平整,涂刷脱模剂,严禁使用废机油。

(3)现浇混凝土模板应采用组合钢模,模板采用对拉螺栓和内外支撑进行固定,模板拼接应严密、平整、牢固,保证无漏浆。

(4)墙身采用现浇混凝土时,浇筑混凝土应采用分层浇筑,分层厚度不大于300mm,墙体应连续进行浇筑,每层间隔时间不超过混凝土初凝时间。

(5)挡土墙混凝土浇筑采用漏斗吊装或泵送入模,混凝土落差不大于2m,每个浇筑段的混凝土应连续进行。当因故间歇时,其间歇时间应小于前层混凝土的初凝时间或能重塑的时间。

(6)新浇混凝土与邻接的已硬化混凝土或岩土介质间的温差不得大于15℃。

(7)混凝土浇筑过程中,应随时对混凝土进行振捣并使其均匀密实,振捣宜采用插入式振捣器。浇筑过程中安排专人检查模板稳定情况,发现有松动、变形、移位时应及时处理。

(8)每一振点的振捣延续时间宜为20~30s,以混凝土不再沉落、不出现气泡、表面呈现浮浆为度,防止过振、漏振。

4)模板拆除施工控制要点

(1)拆模应在混凝土强度达到2.5MPa以上,且表面棱角不因拆模面损失时,方可拆模。

(2)混凝土的拆模时间除需考虑拆模时的混凝土强度应满足规定外,还应考虑拆模时混凝土的温度(由水泥水化热引起)不能过高,以免混凝土接触空气时降温过快而开裂,更不能在此时浇筑凉水养护,混凝土内部开始降温以前或混凝土内部温度最高时不得拆模。

(3)模板的拆除顺序应按设计的顺序进行,设计无规定时,应遵循先支后拆、后支先拆的顺序进行。

(4)拆模不得损伤混凝土,不得大力敲打模板,从而引起模板变形,导致混凝土缺棱掉角,拆除模板时,不得影响或中断混凝土的养护工作。

5)养护施工控制要点

(1)现浇混凝土墙体养护期间,应重点加强混凝土的湿度和温度控制,及时对混凝土暴露面进行洒水养护,并保持暴露面持续湿润,直至混凝土终凝为止。

(2)混凝土带模养护期间,应采取带模包裹、浇水。通过喷淋洒水措施进行保湿、潮湿养护,保证模板接缝处不至失水干燥。为了保证顺利拆模,可在混凝土浇筑24~48h

后略微松开模板,并继续浇水养护。

(3)在任意养护时间,当淋注于混凝土表面的养护水温度低于混凝土温度时,温差不得大于 15℃。

2.7 本章小结

目前城市地铁车站基坑开挖常用的支护形式主要有地下连续墙、灌注桩排桩,根据地质条件以及经济效益,也常使用 SMW 工法桩、钢板桩、土钉墙等围护结构,在特殊工况下也会采用锚栓吊脚桩、TRD 工法、重力式挡土墙,根据支护特点可总结如下:

(1)地下连续墙具有噪声低、刚度大、占地少、对环境影响小,抗渗能力强等特点,广泛应用于深基坑工程围护结构,采用逆作法时可作为主体结构的一部分。

(2)灌注桩排桩有分离式排桩、双排式排桩、咬合式排桩,其中分离式排桩具有噪声小、无振动、无挤土效应、造价经济、对周边环境影响小等特点,但自身无隔水能力,在有隔水要求的工程中需要设置隔水帷幕,无隔水要求基坑可采用此结构形式;双排式排桩刚度大、造价经济,但占地空间大,且无隔水能力,在有隔水要求的工程中需要设置隔水帷幕,对施工场地空间要求高,施工场地空间充足情况下可考虑采用此围护结构形式;咬合式排桩是在场地狭小的情况下采用钢筋混凝土桩咬合素混凝土桩的一种支护结构,具有刚度大、防水性能较好、造价低、施工速度快等特点,适用于临近建筑物对降水、地面沉降较敏感等环境要求高的基坑开挖支护结构。

(3)SMW 工法桩具有噪声低、施工不扰动邻近土体,不会造成周边沉降、房屋倾斜、道路开裂等危害,城墙深度较大等特点,且插入的型钢施工结束后可拔出重复利用,可在黏性土、粉土、砂土、砂砾土、粒径大于 100mm 的卵石及单轴抗压强度 60MPa 以下的松软土层应用。

(4)钢板桩施工简单、施工速度快、可重复利用、造价低,但质量不好控制,插打过程中钢板桩相互咬合效果不好,施工噪声大,主要适用于软土、淤泥质土及地下水多的地区。

(5)土钉墙施工不占用作业空间,对周围环境影响小,随挖随支,施工周期短,造价相对较低,适用于地下水位以上或经人工降水后的人工填土、黏性土和弱胶结砂土的基坑支护或边坡加固。

(6)特殊工况支护结构是在施工中遇到特殊施工工况采取的措施,比如在施工中遇到上软下硬的地层,钻孔灌注桩无法满足进度要求时,即可采用锚栓吊脚桩进行配合;在城市高架桥下施工受高度限制时可采用 TRD 工法机施工围护结构,TRD 工法机成墙效果好,适用于多种工况;重力式挡土墙主要应用于放坡开挖坡脚防护,防止土体位移,施工简单,效果好。

  本章主要对各种围护结构施工技术的工艺原理、特点及使用范围进行了阐述,并对各工法的主要施工控制要点进行了详细说明,可以为城市地铁车站基坑开挖施工提供有效的参考和借鉴。

CHAPTER THREE 第3章

止降水及土体加固施工技术

3.1 止降水施工技术

3.1.1 止水帷幕

止水帷幕是工程主体外围止水系列的总称。在基坑围护体系中常采用水泥土止水帷幕截水。如果基坑底面处于地下水位以下,降水有困难时,需要设置止水帷幕,以防止地下水的渗漏。止水帷幕常采用高压喷射注浆法、深层搅拌法、静压注浆法。

1. 高压喷射注浆法

1) 施工工艺原理

高压喷射注浆是利用钻机把带有喷嘴的注浆管钻进至土层预定深度后,以压力把浆液或水从喷嘴中喷射出来,形成喷射流冲击破坏土层。当能量大、速度快、呈脉动状的射流,其动压大于土层结构强度时,土颗粒便从土层中剥落下来,一部分细颗粒随浆液或水冒出地面,其余土粒在射流的冲击力、离心力和重力等作用下,与浆液搅拌混合,并按一定的浆土比例和质量大小,有规律地重新排列,浆液凝固后,便在土层中形成一个具有一定强度的固结体。

高压喷射按喷射方式有旋喷(固结体为圆柱状)、定喷(固结体为壁状)和摆喷(固结体为扇状)三种基本形状,它们均可用下列方法实现:

①单管法:喷射高压水泥浆液一种介质。
②双管法:喷射高压水泥浆液和压缩空气两种介质。
③三管法:喷射高压水泥浆液、压缩空气及水流三种介质。

2) 特点及适用范围

(1) 特点。

①高压喷射注浆全套设备简洁、构造紧凑、体积小、机动性强、占地少,能在狭窄和低矮的空间施工,且振动小、噪声低。

②施工时能贴近既有建筑物,成型敏捷,施工简便,既可在钻孔的全长形成柱型固结体,也可仅作其中一段。

③在施工中可调整旋喷速度和提升速度,增减喷射压力或更换喷嘴孔径转变流量,可掌握固结体外形。

(2)适用范围。

高压喷射注浆法适用于淤泥、淤泥质土、黏性土、粉土、黄土、砂土、人工填土和碎石土等地基。对地下水流速过大和已大量涌水的工程要慎重应用。

3)施工工艺流程

高压喷射注浆施工工艺流程如图3-1所示。

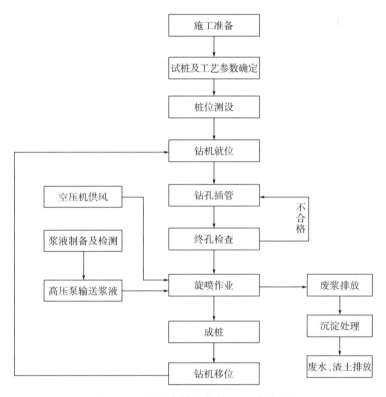

图3-1 高压喷射注浆施工工艺流程

4)施工要点

(1)施工准备。

①施工前探明地下障碍物埋深和位置,挖出探坑并作好标记,确定不会对地下管线造成影响后方可施工。

②清除施工范围内的建筑垃圾和杂物,并进行地面平整压实。

③设备、材料进场,对设备机械性能等进行检查,水泥、外加剂等材料进场按要求抽检试验。

④挖好排浆沟,设置临时设施,确保泥浆能顺利外溢流出,不对场地造成污染。

(2)试桩及工艺参数确定。

在展开大批量制桩前进行试桩,校验施工工艺参数的选择是否合理,并根据试桩结果及工程经验调整施工工艺参数。需要投入使用的外加剂和掺合料种类、外加剂和掺合料的用量,应通过试验确定。

(3)桩位测设。

对施工范围内的所有桩进行测量定位,并做好明显、牢固的桩位标志,做好测量记录,以便复核。经验收合格后,方可进行下道工序施工。

(4)钻机就位。

为保证钻孔达到设计要求的垂直度,钻机就位后,作水平校正,钻机钻杆采用钻杆导向架进行定位,使钻杆轴线垂直对准钻孔中心位置,其倾斜度不得大于1.5%,钻头对正桩位中心,对点误差不大于50mm。就位后,首先进行低压(0.5)射水试验,用以检查喷嘴是否畅通,压力是否正常。高压旋喷桩施工时,首先施工最外围的一排桩,采用1、3、5……间隔跳打的方法进行施工,内部采用不跳桩按次序施工。

(5)钻孔插管。

单管法和双管法可用注浆管射水成孔至设计深度后,再一边提升一边进行喷射注浆。三管法施工须预先用钻机或振动打桩机钻成直径150~200mm的孔,然后将三管插入孔内。喷射管下至设计开喷深度,允许偏差不超过10cm。

(6)浆液制备及检测。

搅拌机的转速和拌和能力应分别与所搅拌浆液类型和灌浆泵的排浆量相适应,并应能保证均匀、连续地拌制浆液。为保证高压喷射注浆连续供浆需求,水泥浆液必须进行二次供浆,即新搅拌浆液必须与正在使用的浆液隔离开,待新浆液按设计要求搅拌均匀后方可引入供浆系统中。施工过程中应经常随机抽取浆液进行检验,确保浆液质量符合设计及规范要求。

(7)旋喷作业。

①喷射注浆前要检查高压设备和管路系统,使用前应对安全阀进行鉴定,其运行必须可靠,注浆管接头的密封环必须无破损,密封性能良好,注浆管及喷嘴内不得有任何杂物。

②浆液宜在旋喷前半小时以内配制,搅拌时间不得少于3min,浆液必须搅拌均匀。水泥浆比重控制在1.25~1.6,防止产生沉淀。

③单管法及双管法的高压水泥浆和三管法高压水的压力应大于20MPa,流量应大于30L/min,气流压力宜大于0.7MPa,提升速度宜为0.1~0.2m/min。

④当喷射注浆管插入预定深度,高压喷射注浆开喷后,待水泥浆液返出孔口时开始提升。由下而上进行喷射注浆,每延米水泥用量及各种施工参数根据试桩情况进行相应

调整。

⑤注浆管分段提升的搭接长度要满足设计及规范要求，施工过程中，视实际情况对需要扩大加固范围或提高强度的部分采取重复喷射的方法。

⑥喷射过程中因故中断后，恢复喷射时，应进行复喷，搭接长度不小于0.5m。

⑦喷射中断超过浆液初凝时间，应进行扫孔，恢复喷射时，复喷搭接长度不小于1m。

⑧喷射过程中若孔内漏浆，应停止提升，直至不漏浆为止，然后继续提升；喷射过程中若孔内严重漏浆，应停止喷射，提出喷射管，采取堵漏措施。

(8)冒浆处理。

注浆过程中，冒浆量小于注浆量的20%时属于正常现象；冒浆量大于注浆量的20%或完全不冒浆时，应查明原因并采取相应的措施。

(9)拔管、冲洗。

当喷射提升到停灰面高程后，立即结束旋喷，拔出注浆管，用清水彻底清洗泥浆泵、高压泵及管路，管内、机内不得残存浆液和其他杂物。在机具冲洗时禁止泥浆到处漫溢。

(10)钻机移位。

待旋喷机注浆管全部提出地面后，先关闭电机，然后将钻机移至下一桩位，重复上述施工过程。

2. 深层搅拌法

1)施工工艺原理

深层搅拌法是采用深层搅拌机械，在地基深处利用水泥作为固化剂（浆液或粉末状），与软土强制搅拌混合，硬化后形成具有整体性、水稳定性和一定强度优质地基的处理方法。按照施工工艺，常用的机械设备有单轴、双轴、三轴等类型。

搅拌法按照材料喷射状态可分为湿法和干法两种，湿法以水泥浆为主，搅拌均匀，易于复搅，水泥土硬化时间较长；干法以水泥干粉为主，水泥土硬化时间较短，能提高桩间的强度，但搅拌均匀性欠佳，很难全程复搅。在轨道交通深基坑施工中，因工程难度大、环保要求高，不应采用干法，因此，这里仅对湿法进行介绍。

2)特点及适用范围

(1)特点。

①造价低，施工振动小、噪声低。

②搅拌深度有限，一般不超过20m。

③在高压线或通电线路下慎重作业,且对场地平整度要求高,如施工场地不平整,桩可能发生偏差,达不到预期设计防渗要求。

(2)适用范围。

深层搅拌法适宜于加固各种成因的饱和软黏土,如淤泥、淤泥质土、黏土和粉质黏土等,用于提高边坡的稳定性和各种基坑工程施工时的止水帷幕。当用于处理泥炭土或地下水具有侵蚀性时,应通过试验确定其适用性。冬季施工时,应注意低温对处理效果的影响。

3)施工工艺流程

深层搅拌法施工工艺流程如图3-2所示。

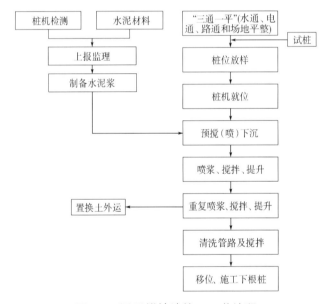

图3-2 深层搅拌法施工工艺流程

4)施工要点

(1)桩位放样:考虑桩位误差、垂直度允许偏差、桩位水平位移及施工技术水平等因素,自行考虑外放尺寸。

(2)桩机就位:桩机使用其自身的步履行走系统移动,塔架提吊搅拌桩机就位。搅拌桩桩位的允许偏差不大于50mm,垂直度偏差不大于1/200,桩径偏差不大于10mm。

(3)浆液制备:搅拌机的转速和拌和能力应分别与所搅拌浆液类型和灌浆泵的排浆量相适应,并应能保证均匀、连续地拌制浆液。施工过程中应经常随机抽取浆液进行检验,确保浆液质量符合设计及规范要求。

(4)预拌下沉喷浆:待水泥搅拌机的冷却水循环正常后,启动搅拌桩机电机,放松搅拌机吊索,使搅拌桩机沿导向架搅拌切土下沉,下沉速度可由电机的电流监测表控制。喷浆过程中,不断搅拌水泥浆。随时观察设备运行及地层变化情况,钻头下沉至设计深度位置时,停止钻进。

(5)提升喷浆:喷浆过程中,不断搅拌水泥浆,防止其离析,并通过电脑自动记录喷浆量,离地面50cm时,停止喷浆。严格控制搅拌桩下沉速度和搅拌提升速度,保证均匀下沉(提升)。

(6)清洗:若桩机停止施工或施工间歇时间太长时,向水泥浆搅拌桶中加入清水,开启灰浆泵,清洗全部管中残存的水泥浆,直至基本干净,并将黏附在搅拌头上的软土清洗干净。

(7)移位:桩机移至下一桩位,将地面下未喷水泥的50cm深度范围,用水泥土回填并捣实,然后重复进行上述步骤的施工。

3. 静压注浆法

1)施工工艺原理

静压注浆法也称压力灌浆法,其实质是借助于压力(主要是液压、气压)或电化学原理,通过注浆管把能凝结固化的浆液注入地层中。浆液以填充、渗透或挤密等方式,赶走土颗粒间或岩石裂隙中的水分和空气后占据其位置。经一定时间后,浆液凝结充塞孔隙或裂缝,将原来松散的颗粒胶结成一个结构强度大、防渗性能好的整体。

2)特点及适用范围

(1)特点。

①经济可靠,耐久性好,安全性高。

②施工噪声小,操作简单,施工占地面积小。

(2)适用范围。

根据不同注浆方法,适用的范围见表3-1。

注浆方法及适用地质条件 表3-1

注浆方法	适用地质条件
渗透注浆	只适用于中砂以上的砂性土和有裂隙的砂石
劈裂注浆	适用于低渗透性的土层
压密注浆	常用于中砂地基,黏土地基中若有适宜的排水条件也可采用
电动化学注浆	地基土的渗透系数 $k<10^{-4}$ cm/s,只靠一般静压力难以使浆液注入土的空隙地层

3)施工工艺流程

静压注浆施工工艺流程如图 3-3 所示。

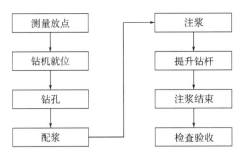

图 3-3 静压注浆施工工艺流程

4)施工要点

(1)定孔位:孔位布设好之后采用取芯机对准孔位,要求孔位偏差不大于 50mm,钻孔偏斜率最大允许偏差为不大于 1.5%。

(2)钻机就位:钻机按指定位置就位,调整钻杆的垂直度。对准孔位后,钻机不得移位,也不得随意起降。

(3)钻进成孔:第一个孔施工时,要慢速运转,掌握地层对钻机的影响情况,以确定在该地层条件下的钻进参数。密切观察溢水、出水情况,出现大量溢水、出水时,应立即停钻,分析原因后再进行施工。每钻进一段,检查一段,及时纠偏,孔底位置应小于 30cm。钻孔和注浆顺序由外向内,同一圈孔间隔施工。

(4)浆液配比:采用经计量准确的计量工具,按照设计配方进行配料。

(5)注浆:严格控制注浆压力,同时密切关注注浆量,当压力突然上升或从孔壁、断面砂层溢浆时,应立即停止注浆,查明原因后采取调整注浆参数或移位等措施重新注浆。土、砂层容易造成坍孔时,采用前进式注浆,否则采用后退式注浆。底部和顶部注浆速度为 15~20L/min,其余位置为 20~30L/min。

(6)提升:严格控制提升幅度,每步不大于 15~20cm,匀速回抽,注意注浆参数变化。

(7)清洗:注浆结束后,应及时用水冲洗注浆设备、管路中的残留浆液。

3.1.2 轻型井点降水

1)施工工艺原理

轻型井点降水是利用埋入土层中的井点滤管,通过泵体作用,将坑内地下水抽吸排出,使坑内的天然地下水位人为地降成一个漏斗形的降水曲线,在基坑保持在降水曲线范围内的情况下进行挖土及基础施工,同时也能防止土体流失,克服流沙现象发生,以方便土方开挖。

2）特点及适用范围

(1) 特点。

轻型井点降水是一种基坑降水施工工法，其降水影响半径达百米甚至数百米，降水效果非常明显。具有机具简单、使用灵活、降水效果好、费用低等特点。因此，在工程中轻型井点降水应用非常广泛。基坑开挖前根据地勘资料，核实现场实际水文地质条件，预先在预开挖基坑周围埋设一定数量的滤水管，在开挖前及开挖过程中利用真空原理，将集水管内水抽出，不断抽水直至施工完毕，从而达到降低基坑四周地下水位的效果，保证基底的干燥无水。

(2) 适用范围。

轻型井点降水一般适用于土层颗粒较大，透水性强，渗透系数大的地层，在地层黏聚性较好、渗透系数小的黏土层，适用范围详见表3-2。

轻型井点降水适用范围 表3-2

井点类型	渗透系数	降水深度	最大井距
单级轻型井点	0.1~50m/d	3~6m	1.6~2m
多级轻型井点	0.1~50m/d	6~10m	1.6~2m

3）施工流程

轻型井点降水施工工艺流程如图3-4所示。

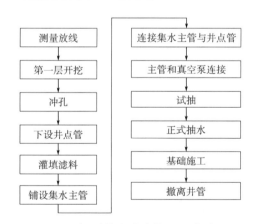

图3-4　轻型井点降水施工工艺流程

4）施工要点

(1) 布置形式。

轻型井点的布置包括平面布置和高程布置。

①平面布置就是确定井点的平面布置形式、总管长度、井点管数量、水泉数量及位置等。根据基坑形状,平面布置形式可以分为单排布置、双排布置、"U"形布置和环形布置。其中单排布置适用于基槽宽度小于6m且降水深度不超过5m的情况。井点管应布置在地下水的上游,两端延伸长度不应小于基槽深度,以达到阻断地下水的目的。双排布置适用于基槽宽度大于6m或土质不良的情况。环形布置适用于大面积基坑。当采用"U"形布置时,其开口应位于地下水的下游方向。

②高程布置主要是确定井点管的埋置深度,就是滤管上口至总管埋设面的垂直距离,见式(3-1):

$$H = H_1 + \Delta h + iL \tag{3-1}$$

式中:H——井点管埋深(m);

H_1——总管埋设面至基底的距离(m);

Δh——基底至降低后的地下水位线距离(m),一般不小于0.5m;

i——降水曲线坡度,与土的渗透系数、地下水流量等因素有关;

L——井点管至其所围成的水井中心短边水平距离(m),单排时为井点管至对坡脚距离,取 1/5~1/4m;双排时取 1/7m;环形时取 1/10m。

(2)涌水量计算。

井点管数量的确定需要首先知道井点系统涌水量。井点系统涌水量的计算目前采用最多的是法国水力学家裴布衣的水井理论。

无压完整井计算公式见式(3-2)、式(3-3):

$$Q = \pi k \frac{(2H-S)S}{\ln(R+X_0) - \ln X_0} \tag{3-2}$$

$$Q = 1.364 k \frac{(2H-S)S}{\lg(R+X_0) - \ln X_0} \tag{3-3}$$

承压完整井(单井)计算公式见式(3-4)、式(3-5):

$$Q = 2\pi \frac{kMS}{\ln R - \ln r} \tag{3-4}$$

$$Q = 2.73 \frac{kMS}{\ln R - \ln r} \tag{3-5}$$

式中:Q——涌水量(m³/d);

R——单井降水影响半径(m);

H——含水层深度(m);

r——单井半径(m);

M——含水层厚度(m);

k——土的渗透系数(m/d);

S——原地下水位降低值(m);

X_0——由井点管围成的大圆井半径(m)。

(3)总管及井点数量计算。

①总管长度可以根据基坑上口尺寸确定。

②井点管数量的确定。

单根井点管的最大出水量计算公式见式(3-6):

$$q = 65\pi dl\sqrt[3]{k} \tag{3-6}$$

式中:d——滤管直径(m);

l——滤管长度(m)。

井点管的最少根数 n,根据井点系统涌水量 Q 和单根井点管最大出水量 q,按式(3-7)确定:

$$n = 1.1\frac{Q}{q} \tag{3-7}$$

(4)轻型井点的施工。

轻型井点的施工大致包括井点系统的埋设、使用及拆除三个部分。井点埋设程序一般是先排总管再埋井点管,然后连接,最后安装抽水设备。

井点管的埋设距坑边不小于0.7m,以防漏气。埋设分为冲孔和埋管两个过程。一般用高压水泵冲孔,成孔后插入井点管,冲孔直径一般为300mm,以保证井点管周围有一定厚度的砂滤层,砂滤层宜用干净粗砂填灌均匀。应填至滤管顶上1~1.5m,保证水流畅通,填砂后应黏土封口,以防漏气。

井点系统安装完毕后,需进行试抽,检查系统有无漏气现象。开始抽水后一般应连续抽水,防止时抽时停而堵管。抽水过程中对系统定期检查,并观察井中水位变化,如有较多井点堵塞应及时处理。同时,由于井点降水会对周围土层有影响,可采用回灌法防止出现固结沉陷。

(5)井点打设过程中关键质量环节的控制和监测。

为了保证成孔质量,在井点打设和井点管埋设时,应确定关键质量控制和监测环节。

①对成孔孔径和成孔深度的测量验收。

②根据井点施工区域地质、土层性质、地下水高度,对单孔填砂量进行准确计算,在打孔埋管施工中加以控制,保证填砂数量和高度,并据此判断是否有塌孔现象,如果填砂

数量达不到设计数量,可以认为井孔塌孔,应将井点管拔除后重新进行冲孔。

③插入井点管时,通过地下水是否能从井点管内部冒出,据此判断孔底填砂质量、井点管滤头是否插在泥土中、滤网透水性如何。如果地下水不能从井点管中冒出,则说明此井点有质量问题,应拔除井点管,重新打设和埋管。

④设备开始降水后,根据水在一定时间内是否由混浊变清,判断成井的施工质量,如果水流始终混浊或不出水,应拔除井点管,重新打孔。

3.1.3 喷射井点降水

1)施工原理

喷射井点降水也是真空降水,是在井点管内部装设特制的喷射器,用高压水泵或空气压缩机通过井点管中的内管向喷射器输入高压水(喷水井点)或压缩空气(喷气井点)形成水汽射流,在喷嘴附近造成负压(形成真空),将地下水经过滤管吸入,吸入的地下水在混合室与工作水混合,然后进入扩散室,水流在强大压力的作用下把地下水同工作水一同扬升出地面,将地下水经井点外管与内管之间的缝隙抽出排走的降水。

2)特点及适用范围

(1)特点。

喷射井点设备较简单,排水深度大,可达到8~20m,比多层轻型井点降水设备少,基坑土方开挖量少,施工快,费用低。但由于埋在地下的喷射器磨损后不容易更换,所以,降水管理难度较大。

(2)适用范围。

适用于基坑开挖较深,降水深度在6~20m,土的渗透系数为0.1~20m/d的粉土、极细砂和粉砂地层。

3)施工工艺流程

喷射井点降水施工工艺流程如图3-5所示。

4)施工要点

①沿放线处挖沟槽至老土,其一是有利于井点管顺利布设,其二是避免用高压水冲时水回溢场地。

②利用7.5kW高压水泵,通过软管与一根特制的ϕ40mm钢管相连,钢管端部设圆锥形冲嘴,在冲嘴的圆锥面上设三个8mm的圆形喷水管。由两名操作人员手持钢管在集水管位置上下抽动,直至成孔,成孔深度一般比滤管深0.5m,冲孔时注意冲水管垂直插入水中,并作左右上下摆动,成孔后立即拔出ϕ40mm冲水管,插入井点管,防止坍

塌,集水管放入完成后,向孔内灌入粗砂,保证流水畅通,上部1.0m深度内用黏土填实以防漏气。

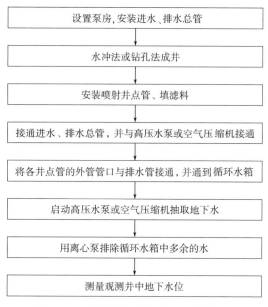

图3-5 喷射井点降水施工工艺流程

③喷射井点管的布置、井点管的埋设方法和要求,与轻型井点基本相同。基坑面积较大时,采用环形布置;基坑宽度小于10m时,采用单排线型布置;基坑宽度大于10m时,作双排布置。喷射井管间距一般为2~3.5m;采用环形布置,进出口(道路)处的井点间距为5~7m。冲孔直径为400~600mm,深度比滤管底深1m以上。

④安装前应对喷射井点管逐根冲洗,检查完好后方可使用。井点管埋设宜用套管冲枪(或钻机)成孔,加水及压缩空气排泥。当套管内含泥量经测定小于5%时,方可下井管及灌砂,然后再将套管拔起。

⑤下井管时水泵应先开始运转,以使每下好一根井管就立即与总管接通(不接回水管),然后及时进行单根试抽、排泥,并测定真空度,直至井管出水变清;地面测定真空度不宜小于93.3kPa。全部井点管沉设完毕,再接通回水总管,全面试抽,然后让工作水循环进行正式工作。

⑥使用时,开泵压力要小一些(小于0.3MPa),然后再逐渐正常。抽水时如发现井管周围有泛砂冒水现象,应立即关闭井点管进行检修。工作水应保持清洁,试抽2d后应更换清水,以减轻工作水对喷嘴及水泵叶轮等的磨损,一般经7d左右即可稳定,开始挖土。成井施工控制要求见表3-3。

成井施工控制要求 表3-3

阶段	检验项目	质量标准	检查方法	责任人
成孔阶段	井位	<1000mm	经纬仪、钢尺	测量员
	孔深	±500mm	测绳、钻杆	机长质量员
	垂直度	1%	水平尺	机长质量员
	孔径	按规范，>600mm	测量钻头	质量员
	泥浆比重	1.08~1.15	比重计	机长质量员
	沉渣厚度	≤500mm	测绳	机长质量员
成井阶段	泥浆比重	1.05~1.10	比重计	机长质量员
	井管及滤管长度	±500mm	钢尺	质量员
	填砂厚度	+1000mm	测绳	机长质量员
	黏土厚度	+1000mm	测绳	机长质量员
	洗井	水泵抽水	目测	项目工程师
	水位	±20mm	水位计	测量员等
	流量	±2m³/h	水表	测量员等

3.1.4 管井井点降水

1) 施工工艺原理

管井井点降水主要是将井点管理设到一定深度的含水层里，利用管井内外水位差，使土层里的地下水通过碎石滤层、滤网渗流入井管内，再通过井管内的水泵排出地面，如图3-6所示。另外，也可利用地面上安装的真空泵通过管路连接，使井管内产生负压，利用井管内外压差，加速地下水渗流，从而迫使降水区域内地下水位快速下降，达到降低地下水位的目的。

2) 特点及适用范围

(1) 特点。

该工法具有井位易于布置、排水量大、降水深、降水设备和操作工艺简单、降水可靠的特点。

(2) 适用范围。

适用于各种地层降水施工，特别适用于渗透系数大、土质为砂类土、地下水丰富、降水深、面积大、时间长的降水工程。

3) 施工工艺流程

管井井点降水施工工艺流程如图3-7所示。

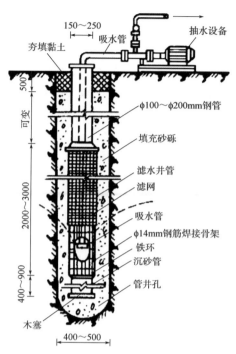

图 3-6 管井井点构造图(尺寸单位:mm)

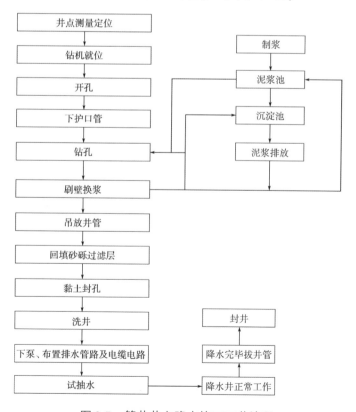

图 3-7 管井井点降水施工工艺流程

4)施工控制要点

(1)管井成孔施工控制要点。

①采用全站仪测放桩位,孔口开挖至进入原状土深度0.5m左右,埋设护筒,并检查护筒位置。选择旋挖钻机成孔,采用泥浆进行护壁,孔口设置护筒,在一侧设排泥沟、泥浆池、沉淀池。

②在采用旋挖钻机钻进、泥浆护壁工艺成孔过程中,边钻进边捞取土样记录地层情况,直至钻至设计深度。

(2)刷壁及换浆施工控制要点。

成孔结束后,在钻头上焊接一圈钢丝刷,对钻孔进行刷壁处理,使成孔过程中在孔壁形成的泥皮彻底破除,利于地下水渗出;刷壁后,采用清水进行反循环换浆。

(3)吊放井管施工控制要点。

①下管前检查井管是否按照设计要求进行尼龙纱网包裹,检查滤水管是否包裹牢固,检查合格后,缓缓下放井管,当管口与井口相差200mm时,接上节井管,沿井管口满焊,以免挤入泥沙淤塞井管。

②吊放井管要垂直,并保持在井孔中心。为防止雨污水、泥砂或异物落入井中,井管要高出地面不小于300mm,并加盖或捆绑防雨布临时保护。

(4)滤料填充施工控制要点。

①井管下入后立即采用动力填砾法进行滤料填充。此法为将水泵下入距井管底部1~2m处进行抽水抽浆,同时用另一水管向井内供水,均匀、连续、缓慢地填入滤料,不得突填、间歇猛填,填砾过程中要及时记录填砾方量,及时测量砾面深度;根据井内水位情况调节抽水和供水强度,如发现填入量与砾面高度不符,应放缓填砾速度或设法进行处理。

②砂砾滤料应具有一定的磨圆度,必须符合级配要求,滤料含泥量(包括含石粉)≤3%,粒径2~3mm。

(5)洗井施工控制要点。

①下管、填料完成后立即进行洗井,特殊情况时,成井与洗井间隔时间不能超过8h;采用下泵试抽洗井,用潜水泵反复进行抽洗,直至水清砂净,上下含水。洗井过程中应观测出水量变化情况。

②若水泵洗井效果不明显,则采用空压机和水泵联合洗井法进行洗井。填砾工作完成后,用空压机在含水层部位自上至下以0.5m间距进行吹洗,直至井底,往返1~2次,后再用水泵进行间歇抽水,达到水清砂净为止。

(6) 水泵安装施工控制要点。

选择流量 10m³/h 的水泵,扬程不小于 20m。在安装前,对水泵本身和控制系统作一次全面细致的检查,在地面试转 3~5min,当无问题时方可进行安设。安装完毕后应进行试抽水,满足要求方可转入正常工作。

3.1.5 砂砾渗井降水

1. 施工工艺原理

砂砾渗井是基于渗流力学原理,借助砂砾的渗透性和自重压实作用,通过有效的排水和渗流来降低地下水位。施工工艺原理如下:

(1) 渗透性:砂砾是一种具有较高孔隙率和渗透性的材料。在渗井施工过程中,用砂砾填充渗井管,形成一个具有较大渗透能力的渗井体。

(2) 渗透压力:地下水会受到自身的压力作用,产生渗透压力。通过砂砾渗井,地下水将受到砂砾体的阻挡,使渗透压力得到释放,从而导致地下水位下降。

(3) 自重压实:砂砾渗井施工后,砂砾体会受到自身的重力作用,形成压实效应。这种自重压实会增加砂砾体的孔隙度,进一步促进地下水的渗流和排水。

2. 特点及适用范围

1) 特点

(1) 简单易操作:砂砾渗井施工工艺相对简单,操作步骤清晰,能够快速上手。施工工艺不需要复杂的设备和技术条件,不需要大规模的施工队伍,对施工人员的要求较低。

(2) 低成本:相比其他渗透井施工方法,砂砾渗井的材料成本、人工费用和设备费用较低。施工所需的材料主要是砂和砾石,价格相对较低,可以降低施工成本。

(3) 高渗透性:砂砾渗井施工工艺能够有效提高渗透井的渗透性能。通过选择合适的砂和砾石(颗粒大小和形状),能够增加渗透井周围的渗透面积,提高水分流动的效率。

(4) 耐久性强:砂砾渗井施工的渗透井具有较好的耐久性和稳定性。合理选择耐蚀性好的材料,确保渗透井能够长时间稳定地工作,有效延长渗透井的使用寿命。

(5) 环保可持续:砂砾渗井施工所使用的材料均为天然材料,不含有害物质,对环境无污染。渗透井可长期使用,不产生废弃物,符合可持续发展的要求。

2) 适用范围

适用于基坑地层上部分布有上层滞水或潜水含水层,而下部存在不透水层,且上下水位差较大,下部含水层的渗透性较好,厚度较大的地层地质情况。井点间距根据地层含水情况按 2~6m 设置。

3. 施工工艺流程

砂砾渗井降水施工工艺流程如图 3-8 所示。

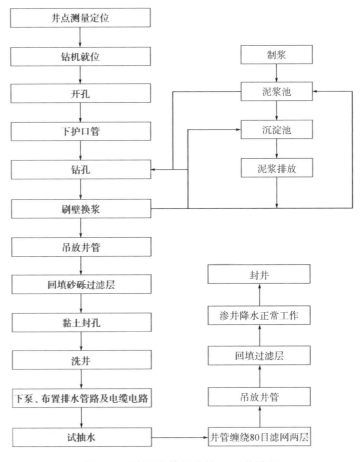

图 3-8 砂砾渗井降水施工工艺流程

4. 施工要点

1)施工准备要点

首先做到路通、水通、电通,施工场地平整。钻前应按质量要求,检查钻井设备各零部件,不合格的不得使用。泥浆循环系统的泥浆池和沉淀池的容积,必须满足施工储备和沉砂的要求。管井施工所需管材、滤料、黏土及其他材料,必须按设计要求在开钻前准备好,并及时运往井场。

钻机及附属设备的安装,必须基础坚实,安装平稳,布局合理,便于操作。在钻进过程中不得移位。

2)钻进施工要点

①钻进采用正循环钻进。松散层钻进时,应根据钻进机具和地层岩性采取水压护壁,采用水压护壁时,孔一般应有3m以上的水头压力。钻进时用的泥浆,一般地层泥浆密度应为 $1.1 \sim 1.2 \text{kg/m}^3$,遇高压含水层或易塌地层,泥浆密度可酌情加大。

停钻期间,应将钻具提至安全孔段位置并定时循环或搅动孔内泥浆;泥浆漏失必须随时补充,如钻孔过程发生故障,应视具体情况调整泥浆指标或提出钻具。井孔倾斜度应符合规定。钻进时要合理选用钻进参数,必要时应安装钻铤和导正器。

②疏孔、换浆和试孔。松散层中的井孔,终孔后应用疏孔器疏孔,疏孔器外径应与设计井孔直径相适应,长度一般不少于8m,达到上下畅通。

泥浆护壁的井孔,除高压自流水层外,应用比原钻头直径大 $10 \sim 20 \text{mm}$ 的疏孔钻头排除异物,破除附着在开采层孔壁上的泥皮。孔底沉淀物排净后,及时向孔内放入稀泥浆,使孔内泥浆逐渐由稠变稀,不得突变。泥浆密度应小于 1.1kg/m^3,出孔泥浆与入孔泥浆性能接近一致,孔口捞取泥浆样应达到无粉砂沉淀的要求。

下井管前应校正孔径、孔深和孔斜。井孔直径不得小于设计孔径20mm;孔深偏差不得超过设计孔深的 $\pm 0.2\%$;孔斜不得超过设计要求。

3)井管安装要点

井管下井前应无残缺、断裂和弯曲等缺陷;混凝土井管每米弯曲度不得超过3mm;井管的上下口平面应垂直于井管轴线,无砂混凝土井管与混凝土井管口平面倾斜度偏差不得超过井管外径的1.5%;混凝土井管直径偏差不得超过 $\pm 5 \sim \pm 6 \text{mm}$;混凝土井管壁厚的偏差不得超过 $\pm 3 \sim \pm 4 \text{mm}$。

井管安装前必须按照钻孔的实际地层资料校正井管设计,然后进行井管组合、排列、测量长度,并按井管排列顺序编号。

下管方法采用托盘下管法,宜用于井管自重超过井管允许抗拉力和起重的安全负荷。

井管的连接必须做到对正接直、封闭严密,接头处的强度应满足下管安全和成井质量的要求。

采用填砾过滤的管井,井管应位于井孔中心。下井管时要安装井管扶正器,其外径比井孔直径小 $30 \sim 50 \text{mm}$。根据井深和井管类型确定扶正器的数量,一般间隔 $3 \sim 20 \text{m}$ 安装一组,每井至少安装2组,无砂混凝土管井与混凝土管井,扶正器的数量应适当增加。

井管底部应位于坚实的基础上,若下部孔段废弃不用时,必须用卵石或碎石填实。

4)填砾和管外封闭要点

滤料必须按标准要求严格筛选,不合格的颗粒含量不得超过15%。滤料除按设计备妥外,还要准备一定的余量。

填砾时必须连续均匀,及时测量填砾高度,校核数量,所填滤料应留样备查。

不良含水层一般用黏土球封闭,要求较高时用水泥砂浆封闭。黏土球应用优质黏土制成,直径为25~30mm,以半干为宜。投入前应取井孔的泥浆做浸泡试验。

管外封闭位置,上下偏差不得超过300mm。

5)洗井和抽水试验

填砾完毕后应及时进行洗井,并补填滤料。

洗井采用3寸潜水泵进行,洗井完毕后,井底沉淀物厚度应小于井深的5/1000。

洗井完毕后,进行抽水试验,水泵出水30min后采取水样。用容积法测定的含砂量,中、细砂含水层不得超过1/20000;粗砂、砾石、卵石含水层不得超过1/50000。

试验抽水时,一般只做一次大降深抽水,水位稳定延续时间:松散层地区不少于8h;有特殊要求的管井,应做三次降深抽水。

试验抽水应达到设计出水量,如限于设备条件不能满足要求时,也应不低于设计出水量的75%。

试验抽水终止前,应采取水样,进行水质分析。

6)钻孔常见事故处理要点

由于地质条件复杂、设备故障、操作人员责任心不强等,钻进时均易造成漏浆、塌孔、埋钻、卡钻、钻杆断裂及孔倾斜偏位等事故。因此,钻进时应勤观察、勤记录,发现异常,如钻杆抖动、孔水位突然变化、长时间不进尺等,应分析原因,采取处理措施,否则会导致不良后果,严重时会报废桩孔。

(1)漏浆、塌孔、埋钻。

产生原因分析:泥浆性能指标不符合要求、停钻时间过长、土体被扰动等。

相应处理措施:选用适当水头高浓度优质黏土泥浆、低压减速钻进。采用"降低孔泥浆面"法防止漏浆。塌孔严重时,应注意防止套管变位、倾斜等。停钻后及时提起钻头以防埋钻,埋钻后利用自身卷扬机提升或用25t起重机提升,提升前用空气吸泥器吸除钻头顶部淤积物。

(2)卡钻、埋钻、钻杆断裂。

产生原因:钻杆质量差、钻杆连续螺栓松动和保险绳未系好造成钻杆折断、掉钻头等;孔中活块、掉入孔的杂物造成卡钻,当回旋钻滚刀被杂物缠住时也易卡钻。

相应处理措施:①根据不同情况制作相应的打捞工具(潜水配合栓扣等)捞钻头、钻杆。②卡钻时反复提升或用冲杆或借助外力强行提升(千斤顶等,潜水配合)。

(3)钻机倾斜、偏位。

产生原因分析:钻机底座不平、钻杆弯曲及接头不正等均易造成钻孔倾斜、偏位。

预防与处理:①严格调平钻机底座,保证起重滑轮边缘、固定钻杆的卡孔和护筒中心三者在同一铅垂线上。②吊住钻头,在倾斜处反复扫孔,可使钻孔垂直。

7)作业管控要点

抽水作业时,三班轮流,昼夜值班,水泵故障及时检修或更换。潜水泵在运行过程中每 2h 观测一次水位,检查电缆线是否和井壁相碰,检查密封的可靠性,以保证水泵正常运转。

派专人负责,每天定时记录渗井水位深度,控制地下水位高度。根据降水观测情况,满足开挖条件后,采用 2 台 1m³ 反铲挖掘机进行土方开挖。

8)质量通病的防治

质量通病防治详见表 3-4。

质量通病防治一览表 表 3-4

通病及现象	原因分析	预防措施
井点抽水时在周围地面出现沉裂开裂及位移	含水层疏干后,土体产生密实效应,土层压缩,地面下沉	限制基坑周围堆放材料、机械设备,且不宜集中
降水速度过慢或降水无效,水位无明显下降或不下降	表层土、渗水性较强	做好地表排水系统
	抽出的水又迅速返回井内	防止雨水倒灌,井点抽水就近排走
	进水管、滤网堵塞或泵发生机械故障等	抽水前检验水泵,正式抽水前进行试抽

3.2 土体加固施工技术

基坑地基按加固部位不同,分为基坑内加固和基坑外加固两种。

基坑外加固的目的主要是止水,并可减少围护结构承受的主动土压力。具体同止水帷幕。

基坑内加固的目的主要有:提高土体的强度和土体的侧向抗力,减少围护结构位移,保护基坑周边建(构)筑物及管线;防止坑底土体隆起破坏;防止坑底土体渗流破坏;弥补围护墙体插入深度不足等。

软土地基中,按平面布置形式分类,基坑内被动土压区加固形式主要有墩式加固、裙边加固、抽条加固、格栅式加固和满堂加固。采用墩式加固时,土体加固一般多布置在基坑周边阳角位置或跨中区域;长条形基坑可考虑采用抽条加固;基坑面积较大时,宜采用裙边加固(图3-9);地铁车站的端头井一般采用格栅式加固;环境保护要求高,或为了封闭地下水时,可采用满堂加固。加固体的深度范围应从第二道支撑底至开挖面以下一定深度,也可以采用低水泥掺量加固到地面。

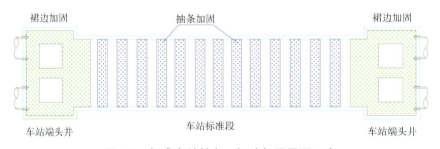

图3-9 标准车站抽条+裙边加固平面示意

换填材料加固处理法,以提高地基承载力为主,适用于较浅基坑,方法简单、操作方便。目前,软土地区常用于地下车站深基坑坑内加固的工法有注浆法、高压喷射注浆法、水泥土搅拌法,对地基掺入一定量的固化剂或使土体固结,以提高土体的强度和土体的侧向抗力为主。本节重点介绍最常用的注浆法、高压喷射注浆法、水泥土搅拌法。

3.2.1 注浆法

1. 施工工艺原理

注浆法是利用气压、液压或者电化学原理把浆液注入土体的裂缝或空隙,通过浆液胶凝固化等达到提高地基土强度、改善地基土变形性能的目的。注浆方法有渗透注浆、劈裂注浆、压密注浆、电动化学注浆。注浆材料有粒状浆材和化学浆材,粒状浆材主要是水泥浆,化学浆材包括硅酸盐(水玻璃)和高分子浆液(聚氨酯、环氧树脂等)。

2. 特点及适用范围

1）特点

在施工工艺方面,设备轻巧、注浆工艺简单、易操作,对复杂环境的适应性强。在性能方面,应用于混凝土的注浆补强材料,一般都应具有良好的综合力学性能,黏结性能好,材料耐老化,无污染。

2）适用范围

注浆方法及适用地质条件详见表3-5。

注浆方法及适用地质条件　　　　　　表3-5

注浆方法	适用地质条件
渗透注浆	只适用于中砂以上的砂性土和有裂隙的砂石
劈裂注浆	适用于低渗透性的土层
压密注浆	常用于中砂地基,黏土地基中若有适宜的排水条件也可采用
电动化学注浆	地基土的渗透系数 $k < 10^{-4}$ cm/s,只靠一般静压力难以使浆液注入土的空隙地层

注浆法可用于防渗堵漏、提高地基土的强度、改善地基土变形性能、充填空隙、既有地基基础加固和控制变形等。对于地下水流速过大的工程,要慎重应用。

3. 施工工艺流程

注浆法施工工艺流程详见图3-10。

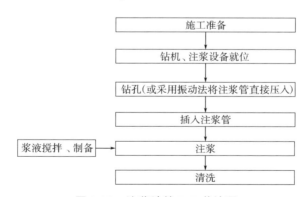

图3-10　注浆法施工工艺流程

4. 施工要点

1）施工准备

提前做好材料、设备、人员进场计划,施工现场做好"三通一平"。

由于注浆法带有很强的经验性,其处理地基的效果不仅与设计参数、地基土性质密切相关,还与施工方法、施工设备及施工人员有紧密关系,因此,对重要工程,宜进行现场注浆试验,以验证设计参数,并检验施工方法和设备。

2)钻机、注浆设备就位

检查钻机、注浆设备的性能,确保施工的连续性。按照测量放样的位置就位,准备施工。钻孔至设计深度后,从钻杆内注入封闭泥浆,也可直接采用封闭泥浆钻孔。

3)钻孔及插入注浆管

钻孔前做好周边环境、管线调查。在软土地质区域,注浆管为金属管时,可采用振动法直接压入土中。

4)注浆

做好注浆压力和流量记录。配置自动压力流量记录仪,能准确记录注浆过程中的压力和流量,利于数据汇总与分析。

注浆顺序应采用适合地基条件、环境现场及注浆目的的方法进行。跳孔注浆的目的是防止窜浆,注浆顺序先外后内的目的是防止浆液流失。注浆施工场地临近建(构)筑物、地下管线时,宜采用由近及远、背离相邻的建(构)筑物与管线的施工次序,同时加强施工监测。

5)清洗

注浆结束后,应及时用水冲洗注浆设备、管路中的残留浆液。

3.2.2 高压喷射注浆法

1. 施工工艺原理

高压喷射注浆就是利用钻机钻孔,把带有喷嘴的注浆管插至土层的预定位置后,以高压设备使浆液成为20MPa以上的高压射流,从喷嘴中喷射出来冲击破坏土体。部分细小的土料随着浆液冒出水面,其余土粒在喷射流的冲击力、离心力和重力等作用下,与浆液搅拌混合,并按一定的浆土比例有规律地重新排列。浆液凝固后,便在土中形成一个固结体,与桩间土一起构成复合地基,从而提高地基承载力,减少地基的变形,达到地基加固的目的。

高压喷射注浆根据施工设备、工艺可分为单重管、双重管、三重管,根据发展需求,更先进的 MJS 工法、RJP 工法等已在逐步应用推广。

MJS(Metro Jet System)工法又称全方位高压喷射工法,是在传统的高压旋喷工法基础上,采用了独特的多孔管和前端强制吸浆装置,实现了孔内强制排浆和地内压力监测,并通过调整强制排浆量来控制地内压力,使深处排泥和地内压力得到合理控制,使地内压力稳定,降低了在施工中出现地表变形的可能性,大幅度减少对环境的影响;而且地内压力的降低也进一步保证了成桩质量(图3-11)。在施工过程中,当压力传感器测得的孔内压力较高时,可以通过油压接头来控制吸浆孔的开启大小,从而调节泥浆排出量,使其控制土体内压力值范围,避免挤土效应,减少了施工中出现地表变形、建筑物开裂、构筑物位移等情况发生。和传统的旋喷工艺相比,MJS工法减少了施工对周边环境的影响。

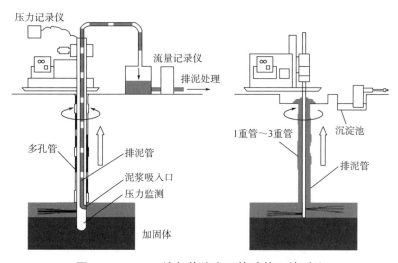

图3-11 MJS工法与传统高压旋喷桩工法对比

RJP(Rodin Jet Pile)工法是利用超高压喷流体所拥有的动能破坏地基的组织构成后,混合搅拌被破坏的土粒子和硬化材料,从而形成大直径桩体;利用上段超高压水与压缩空气喷射流体先行切削土体;利用下段超高压浆液与压缩空气喷射流体扩大切削土体,形成大直径桩体(图3-12)。

2. 特点及适用范围

1)特点

(1)提高地基土的抗剪强度,改善土的变形性质,在荷载作用下地基土不产生破坏和较大沉降。

(2)利用小直径钻孔旋喷成比小孔大8~10倍的大直径固结体;通过调节喷嘴旋喷速度、提升速度、喷射压力和喷浆量等制成各种形状桩体;可制成垂直桩、斜桩或连续墙,并获得需要的强度。

(3)可用于已有建筑物地基加固而不扰动附近土体,施工噪声低,振动小。

(4)可用于任何软弱土层,可控制加固范围。

(5)设备较简单、轻便,机械化程度高,占地少,能在狭窄场地施工。

(6)料源广,施工简便,操作容易,管理方便,速度快,效率高,用途广泛,成本低。

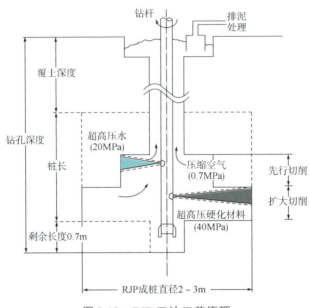

图 3-12　RJP 工法工艺原理

2)适用范围

高压喷射注浆法适用于淤泥、淤泥质土、黏性土、粉土、黄土、砂土、人工填土和碎石土等地基。对地下水流速过大和已大量涌水的工程,要慎重应用。

高压喷射按喷射方式有旋喷(固结体为圆柱状)、定喷(固结桩为壁状)和摆喷(固结体为扇状)三种基本形状,它们均可用下列方法实现:

①单管法:喷射高压水泥浆液一种介质。

②双管法:喷射高压水泥浆液和压缩空气两种介质。

③三管法:喷射高压水泥浆液、压缩空气及水流三种介质。

3. 施工工艺流程

(1)高压旋喷桩施工工艺流程如图 3-13 所示。

(2)MJS 旋喷桩施工工艺流程如图 3-14 所示。

(3)RJP 旋喷桩施工工艺流程与 MJS 基本相同,参考图 3-14。

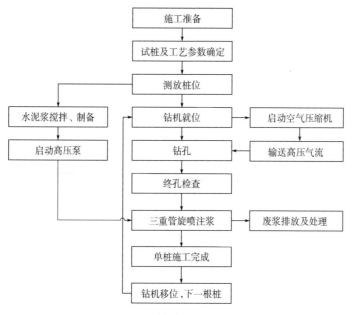

图 3-13 高压旋喷桩施工工艺流程

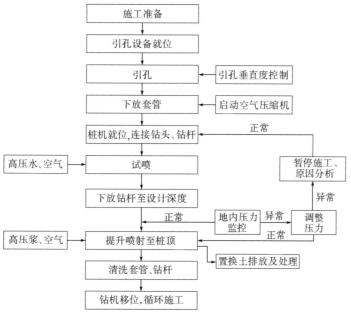

图 3-14 MJS 旋喷桩施工工艺流程

4. 施工要点

1)高压旋喷桩施工要点

(1)严格控制各项技术参数,包括喷浆压力、流量、水灰比、提升速度、水泥掺量等。

(2)施工前先做1~2根试验桩,以确定旋喷桩有关施工参数。

(3)钻杆就位后,校正钻机主要立轴两个不同方向的垂直度。垂直度误差不得超过1%。在插管时,水压不宜大于1MPa。

(4)旋喷作业时,检查注浆流量、风量、压力、旋转提升速度等。高压水射流的压力宜大于20MPa。

(5)旋喷作业前检查高压设备和管路系统,其压力和流量须满足设计要求。注浆管及喷嘴内不得有任何杂物。注浆管接头的密封圈必须良好。喷射孔与高压注浆泵的距离小于50m。

(6)拆卸钻杆继续旋喷时,须保持钻杆有10cm的搭接长度。成桩中钻杆的旋转和提升必须连续不中断。

(7)夹心旋喷桩加固须在风井、车站结构、出入场线明挖段结构完成,盾构推进前进行,以确保转换井、风井或车站围护结构与加固土体之间不留渗水通道。

(8)由于旋喷桩后期施工也有可能受地墙槽壁加固影响,因此,一般须做引孔处理。

2)MJS旋喷桩施工要点

(1)引孔。

钻机施工前,在钻孔机械试运转正常后,开始引孔钻进。钻孔过程中要详细记录钻杆节数,保证钻孔深度的准确;引孔过程中须加强泥浆护壁,在泥浆中加入适量膨润土,确保引孔结束后孔内无沉渣;为防止MJS旋喷喷浆过程中在地质较差的土层中坍塌抱死钻杆,造成拔管困难,在空钻段埋设套管(对地层土质特别差的须埋设至桩底以上2~3m),考虑钻杆直径为142mm,埋设的外套管内径不宜小于180mm,引孔直径不宜小于200mm。

引孔垂直度是控制旋喷桩偏差的关键,引孔垂直度必须满足标准要求;在引孔过程中须确保钻机水平状态及钻杆垂直,引孔采用导向钻头,经常检查钻杆垂直度;当钻杆偏差过大时,须上提钻杆至垂直度较好部位开始扫孔,无法扫孔时须回填后重新引孔。

(2)MJS喷射钻机就位,下放钻杆。

引孔至大于设计深度1m以上并埋设套管后,移除引孔钻机,将MJS全方位超高压旋喷钻机就位对中并调整水平度,根据设计孔深计算下放钻杆的节数,逐节下放钻杆,使喷嘴下放至设计高程;下放过程中做好下放钻杆节数记录,并需检查钻杆的密封件是否完好,对密封件有磨损的及时更换。

(3) MJS 喷射。

钻杆下放至设计高程后(喷嘴部位),开始校零,设定工艺参数,包括摇摆角度、引拔速度、回转数等。

喷浆时采用高压泵及高压空气喷射,为保证桩底端的质量,喷嘴下沉到设计深度时,在原位置旋转 60s 以上,待地内压力达到设计值后,开启倒吸水和倒吸空气,并按照提升步距开始旋喷提升。

采用 MJS 全方位超高压旋喷,应先送高压浆,打开喷浆口后,再送压缩空气;喷射时先应达到预定的喷射压力、喷浆量,原位旋转 1min 后,再逐渐按步距提升注浆管,注浆管分段提升的搭接长度不得小于 50mm;当达到地内压力设计要求时,应立即开启倒吸空气及倒吸水,可促进孔内置换土体的排出,减小对周边环境的影响。

(4) MJS 旋喷提升。

开启高压喷射泵及高压空气后,由下向上旋喷,同时将泥浆倒吸排出。喷射时,先应达到预定的喷射压力后再逐渐提升旋喷管,以防扭断旋喷管;钻杆的旋转和提升应连续进行,不得中断;钻机发生故障时,应停止提升钻杆和旋转,以防断桩,并立即检修,排除故障。为提高桩底端质量,在桩底部 1.0m 范围内应适当增加钻杆喷浆旋喷时间。在旋喷提升过程中,可根据不同的土层,调整旋喷参数。

MJS 旋喷桩加固直径与提升速度成反比,在喷射流量一定的情况下,提升速度越快,水泥浆切割土体的时间越少,成桩直径越小。

MJS 工法是采用步距提升,即一步一步向上提升,一步作为一个步距,每一个步距为 25mm,每一个步距来回喷射一个单位时间,一个单位时间转速 3~4r/min,单位时间根据摇摆角度确定,360°喷射时,单位时间为 60″。

MJS 工法施工参数见表 3-6。

MJS 工法施工参数 表 3-6

项目	取值范围	水平施工	垂直施工
水泥浆液喷射压力(MPa)	20~50	40	40
水泥浆液流量(L/min)	55~150	90	90
空气压力(MPa)	0~1.0	0.7	0.7
空气流量(L/min)	0~17	1.2 以下	2.0 以下
旋喷转数(r/min)	1~15	3 次以上/步进	

(5) 钻机移位。

为确保桩顶高程及质量,浆液喷嘴提升到设计桩顶高程以上 100mm 时停止旋喷,提升钻杆,逐节拆除出孔口,清洗钻杆、注浆泵及输送管道,然后将钻机移位至下一孔。

(6)回灌。

单桩完成后,在水泥土凝固过程中每隔1h检查孔位浆液液面高度,如液面下沉应及时回灌水泥浆,减少水泥土凝固收缩引起的沉降。

3.2.3 水泥土搅拌法

1. 施工工艺原理

以水泥作为固化剂的主剂,通过特制的深层搅拌机械,将固化剂和需要加固的土体强制搅拌,使软土硬结成具有整体性、水稳定性和一定强度桩体的地基处理方法。

水泥土搅拌法按照材料喷射状态可分为湿法和干法两种,湿法以水泥浆为主,搅拌均匀,易于复搅,水泥土硬化时间较长;干法以水泥干粉为主,水泥土硬化时间较短,能提高桩间的强度,但搅拌均匀性欠佳,很难全程复搅。在轨道交通深基坑施工中,因工程难度大、环保要求高,不应采用干法,因此,本节中仅对湿法进行介绍。

按照施工工艺、机械设备,常用的搅拌桩有单轴、双轴、三轴搅拌桩(图3-15),根据工程需求,最新的五轴搅拌桩(图3-16)在应用推广。在地铁深基坑中最常用的是双轴、三轴搅拌桩,单轴更多的是在处理软土路基工程中应用。

图3-15 三轴搅拌桩现场施工

图 3-16　五轴搅拌桩

2. 特点及适用范围

1）特点

（1）水泥土搅拌法是将固化剂和原地基软土就地搅拌混合，可最大限度地利用原土。

（2）搅拌时无振动、无噪声、无污染，可在密集建筑群中进行施工，搅拌时不会使地基侧挤出，对周围原有建筑物及地下沟管影响很小。

（3）可按照不同地基土的性质及工程设计要求，合理选择固化剂及其配方，设计比较灵活。

（4）土体加固后重度基本不变，软弱下卧层不致产生附加沉降。

（5）根据上部结构的需要，可灵活采用柱状、壁状、格栅状和块状等加固形式。

2）适用范围

水泥土搅拌法适用于处理正常固结的淤泥与淤泥质土、粉土、饱和黄土、素填土、黏性土以及无流动地下水的饱和松散砂土等地基。当地基土的天然含水率小于 30%（黄土含水率小于 25%）、大于 70% 或地下水的 pH 值小于 4 时，不宜采用干法（粉体搅拌法）。冬季施工时，应注意负温对处理效果的影响。

3. 施工工艺流程

水泥土搅拌法施工工艺流程如图 3-17 所示。

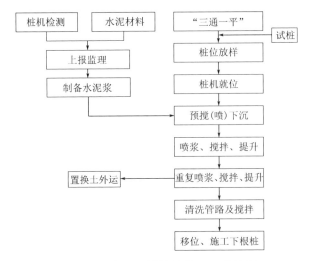

图 3-17 水泥土搅拌法施工工艺流程

4. 施工要点

（1）严格控制施工参数，三轴搅拌桩施工工艺参数见表 3-7。

三轴搅拌桩施工工艺参数　　　　表 3-7

项目	技术参数
水灰比	0.45～0.55
下沉速度（m/min）	≤1
提升速度（m/min）	≤0.5
重复搅拌速度（m/min）	0.8～1.0
浆液压力（MPa）	0.4～0.6

（2）三轴搅拌桩加固需在基坑开挖前进行。考虑桩位误差、垂直度允许偏差，桩位水平位移及施工技术水平等因素自行考虑外放尺寸。

（3）搅拌桩桩位的允许偏差应为 50mm，垂直度偏差≤1/200，桩径偏差≤±10mm。

（4）压浆阶段不允许发生断浆现象，输浆管道不能堵塞，全桩须注浆均匀，不得发生夹心层。发现管道堵塞时，立即停泵进行处理。待处理结束，立即把搅拌钻具上提或下沉 1.0m 后方能注浆，等 10～20s 后恢复正常搅拌，以防断桩。

（5）搅拌桩的施工工艺及参数应根据现场工程地质、水文地质及加固要求，通过试验或根据工程经验确定。因此,在施工前必须进行试桩,以便根据加固效果,确定施工工艺及各项施工参数。

(6)桩间搭接250mm。强加固体的水泥掺量为20%,弱加固体的水泥掺量为10%,采用P42.5级普通硅酸盐水泥。

(7)严格控制搅拌桩下沉速度和搅拌提升速度,保证均匀下沉(提升)。在桩机筒身上做好明显标志,严格控制加固区顶、底高程。

(8)施工过程中随时检查施工记录,并对照规定的施工工艺对每组桩和检验批进行质量评定,检查的重点是水泥用量、桩长、成桩过程中有否断桩现象,搅拌提升、下沉速度,搅拌时间。

(9)确保使用设计强度等级的水泥,进场水泥及时送检,合格后方可使用。

(10)施工过程中由专人负责填写施工记录,施工记录表中详细记录桩位编号、桩长、断面面积、下沉(提升)的时间及深度、水泥用量、水灰比。

3.3 本章小结

本章内容主要是止降水及土体加固施工技术,从施工工艺原理、特点及适用范围、施工工艺流程、施工要点4个方面做了总结。

止水帷幕施工和土体加固对工程项目的作用不同,但施工工法基本相同。主要工法有注浆法、高压喷射注浆法、水泥土搅拌法,最常用的是高压喷射注浆法和水泥土搅拌法,注浆法在地铁车站施工中多用于渗漏水治理和局部土体加固,很少单独作为止水帷幕和大面积地基加固。随着新技术的不断发展,机械设备的不断更新,高压喷射注浆法中出现了MJS工法、RJP工法,能满足更复杂的施工环境需求。

在地下水位较高地区进行深基坑施工,如不进行基坑降排水工作,将会造成基坑浸水,使现场施工条件变差,地基承载力下降,在动水压力作用下还可能引起流沙、管涌和边坡失稳等现象。因此,为确保基坑施工安全,必须采取有效的降水和排水措施,即实施降水工程,主要工法包括轻型井点降水、喷射井点降水、管井井点降水和砂砾渗井降水,需根据水文地质条件、周边环境、降水深度等选择合理经济的降水工法。降水工程专业性强,需要做专项设计。施工中做好监测,按需降水,减少对周边环境的影响。

CHAPTER FOUR 第4章

明挖法施工技术

4.1 施工工艺原理

明挖法是先从地表面向下开挖基坑至设计高程,然后在基坑内的预定位置从下往上建造主体结构及防水措施,最后回填土并恢复路面的施工方法。

明挖法施工中的基坑可分为敞口放坡基坑和有围护结构的基坑两类,本书主要介绍有围护结构的明挖施工。

4.2 特点及适用范围

1. 特点

明挖法具有便于设计、技术简单、施工作业面多、速度快、工期短、易保证工程质量、工程造价低等优点,是地下工程的常用施工方法;但其施工需要较大的空间,会增加周边的拆改工程量,增大交通疏散压力,同时,敞开施工所产生的噪声、震动及扬尘等也会对周边环境造成不利影响。

2. 适用范围

当地面条件较好,基坑范围内的现状管线能临时迁出,基坑位于现状道路下方,允许暂时中断交通或结合地面拆迁及道路拓宽,使地面交通客流得以疏散时,可采用明挖法施工。

4.3 施工工艺流程

明挖法施工工艺流程如图 4-1 所示。

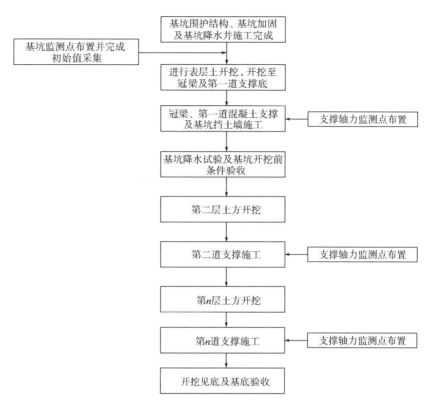

图 4-1 明挖法施工工艺流程

4.4 施工要点

4.4.1 冠梁、第一道混凝土支撑及挡土墙施工要点

1. 冠梁、第一道混凝土支撑及挡土墙施工流程

冠梁、第一道混凝土支撑及挡土墙施工工艺流程如图 4-2 所示。

2. 冠梁、第一道混凝土支撑施工要点

（1）施工准备：首先整理施工场地以满足施工要求，对进场材料的质量及相关特性进行检查及试验，满足规范及相关规定。

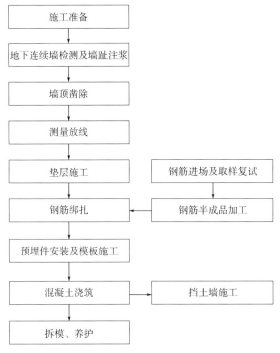

图 4-2　冠梁、第一道混凝土支撑及挡土墙施工工艺流程

（2）地下连续墙检测及墙趾注浆：为保证墙底不发生渗漏，地下连续墙接头注浆施工一般采用袖阀管，管下采用专用封堵帽进行封堵，钢管采用套丝后，螺栓连接；地下连续墙接头注浆管下端一般采用焊接进行封闭，墙趾注浆下端采用单向阀式注浆器，上端口采用封堵帽将注浆管上部进行密封，保证地下连续墙的密闭性。

（3）墙顶凿除：墙顶凿除通常由人工采用风镐进行凿除，避免机械凿造成损坏，同时要保证结构预留钢筋及结构预埋件不受破坏。

（4）测量放线：按照施工图纸进行测量放线，保证误差不超过相关规范及设计的规定。

（5）垫层施工：施工垫层主要为冠梁提供底模基础，同时为钢筋绑扎提供施工条件，在冠梁施工前对场地进行夯实，浇筑垫层厚度一般为10cm，具体厚度需参照施工图纸选取。

（6）钢筋绑扎：先安装骨架筋，再安装框架筋，最后安装箍筋。施工中必须确保钢筋定位准确，在钢筋绑扎前先在底模上确定底层钢筋的定位线，并依据定位线进行钢筋的绑扎。

（7）预埋件安装及模板施工：模板施工要保证安装密实、不漏浆，外侧支架牢固，满足强度及刚度要求。

(8)混凝土浇筑:混凝土分层浇筑,插入式振捣器振捣。混凝土振捣时,要使振捣棒垂直插入混凝土中,并插到下层尚未初凝层中 50~100mm,以促使上下层相互结合,并以混凝土表面泛浆、不冒气泡、无明显沉降为准。

(9)混凝土养护:在浇筑完毕后 12~18h 内,采用土工布或牛毛毡对混凝土进行覆盖洒水养护,养护时间不得少于14d。

4.4.2 基坑降水试验要点

1. 降水试验目的

抽降水实施前,需要进行有针对性的降水试验,降水试验主要目的有以下几个方面:

(1)获取各含水层的初始水位埋深。

(2)通过单井试验,检验降水井的成井质量,降水井间距是否满足降水要求。

(3)通过降水试验,测定单井实际涌水量,确定后期降水运行水泵型号。

(4)通过降水试验,检验基坑现有降水井设置方案,确定能否满足基坑降水需要。

(5)通过降水试验,定性地检验围护结构的渗漏情况。

(6)通过降水试验,了解基坑外侧各含水层水位变化规律,判断基坑内外水力联系,以及含水层之间的水力联系。

(7)通过降水试验,检验基坑降水对周边环境的影响。

(8)通过降水试验,确定基坑排水、用电能否满足要求。

降水试验应根据基坑开挖深度分层进行,模拟正式降水情况,为后续降水提供可靠依据。

2. 降水试验安排

降水试验主要利用基坑内现有的降水井和观测井,群井降水试验应在第一道混凝土支撑施工完成且强度达到设计要求后进行,试验具体分为单井试验和群井试验两部分。具体试验安排如下:

1)单井试验

为了验证成井质量及出水量情况,选取基坑内 1 口疏干井为抽水井,将水泵放置在井底位置,试验期间将降水井水位进行一次性降深,同步观测基坑内外观测井水位变化情况。抽水时间 1d,水位恢复 1d。具体试验计划可按照后期施工实际情况进行调整。

2)群井试验

群井试验结合基坑开挖深度,分两步进行:

第一步:降水井水泵放置井底。选取基坑内降水井作为抽水井,预留1~2口降水井(作为坑内水位观测井),同步观测坑外各观测井水位变化情况,同时记录各抽水井出水量,并绘制水位降深及出水量历时曲线。抽水持续4d时间。

第二步:抽水完成后进行水位恢复,监测1d时间。具体试验计划可按照后期施工实际情况进行调整。

4.4.3 钢支撑施工要点

钢支撑安装施工工艺流程如图4-3所示。

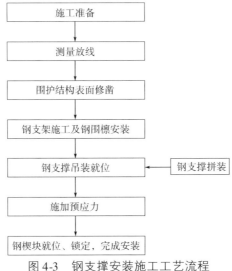

图4-3 钢支撑安装施工工艺流程

(1)钢支撑施工紧随挖土施工进行,随挖随撑,必须遵循先撑后挖的施工原则。

(2)开挖前需备好合格的带活络接头的支撑、支撑配件、施加支撑预应力的油泵装置、待安装支撑所必需的器材。严防安装支撑时,因缺少支撑条件而延搁支撑时间。

(3)端头井部位采用斜撑体系,斜撑的牛腿必须与钢支撑密贴、垂直,如有缝隙,应用钢板或细石混凝土填充。

(4)每组钢支撑安装后必须按照设计要求正确施加预应力,预应力的施加严格按照设计要求进行。挖好一小段土方后,在8h内安装好支撑,并按照设计要求施加预应力。

(5)支撑安装过程中,钢支撑的电焊焊缝、长度、厚度必须满足设计和施工规范要求。

(6)钢支撑应分层堆放整齐,高度一般不超过二层,底层钢支撑下面应安设垫木。

(7)每根钢支撑的配置按总长度的不同,配用一端固定段及一端活络段或两端活络段;在两支承点间,中间段最多不宜超过3节。

(8)对施加支撑轴向预应力的液压装置,要经常检查,使之运行正常,使量出的预应力值准确,每根支撑施加的预应力值要记录备查。

(9)钢支撑应用专用的设备施加预应力,预应力应分级施加,预应力值应为设计预应力值加上10%的预应力损失值,并在预应力施加完成后对其进行复紧。

(10)钢管支撑连接螺栓一定要全数使用,不能减少螺栓数量,以免影响钢支撑拼接质量。

(11)钢支撑两端设有可靠的支托或吊挂措施,防止因围护变形或施工撞击而产生脱落事故。有中间支点和纵、横向拉杆时,必须做到受力可靠。

(12)采用钢围檩的斜撑部位,为平衡水平剪力,采用两排抗剪销钉,将围檩与围护桩固定,对围檩限位,避免其产生滑移,引起斜撑失效。

(13)只有当下部混凝土结构强度达到施工需求后,才允许拆除上一道支撑。

(14)基坑开挖过程中要防止挖土机械碰撞支撑体系,以防支撑失稳,造成事故。

(15)施工时加强监测,对基坑回弹导致竖向支撑位移而产生的横向支撑竖向挠曲变形,在接近允许值时,必须及时采取措施,防止支撑挠曲变形过大,保证钢支撑受力稳定,确保基坑安全。

4.4.4 土方开挖要点

1. 富水软土地铁明挖基坑土方垂直提升机械选型要点

富水软土地铁基坑土方垂直提升设备选择,要根据基坑开挖地质水文情况、基坑深度、施工场地情况进行综合比选分析。目前常用的主要有普通反铲挖掘机、长臂反铲挖掘机、伸缩臂挖掘机和抓铲等。

普通反铲挖掘机(图4-4)一般适用于基坑开挖深度在5m以内的情况,挖土效率高,每斗土方量$0.8 \sim 1.2 m^3$,一般在基坑表层土和第一层土方开挖时,首选普通反铲挖掘机。

图 4-4　普通反铲挖掘机

长臂反铲挖掘机(图 4-5)开挖深度在 15m 以内,挖土效率低,每斗土方量 0.6m³,作业空间要求较高。在操作时无法目视,挖深层土时极易造成下层土超挖,导致挖土点变形较大。

图 4-5　长臂反铲挖掘机

伸缩臂挖掘机(图 4-6)开挖深度在 20m 以内,挖土效率低,每斗土方量 0.9m³,作业空间要求较低,当作业空间较小时可选用此挖掘机。挖掘机由于作业半径较小,无法保留护壁土,对被动区土体扰动较大,不利于变形控制。

抓铲根据抓斗形式分为贝形抓斗(图 4-7)和多瓣式抓斗(图 4-8),可开挖深度超过 20m,挖土效率高,其中贝形每斗土方量达 1.2m³,多瓣式每斗土方量达 3m³。贝形抓斗由于颚板接触面积大,易沾土,效率低,软黏土黏聚力高,直线条刃板不易插入黏土中,需要通过加速下压来抓土,一旦操作不准极易碰在支撑上,易造成支撑失稳,因此,该抓斗比较适合砂土基坑;其优点是抓斗侧向尺寸小,对支撑的间距要求低。多瓣式抓斗具有多爪、切口尖的特点,易于插入软土中,抓土效果好,且不易沾土,效率较高,但是该抓斗侧向尺寸大,对支撑间距有一定要求,当支撑间距较小时无法使用。

图 4-6 伸缩臂挖掘机

图 4-7 贝形抓斗

图 4-8 多瓣式抓斗

2. 富水软土地铁基坑土方开挖方式选择要点

1）表层土方开挖

首先进行表层土开挖,为冠梁及混凝土支撑施工提供条件,开挖方向一般从两端往中间进行,分小段向前推进,可以极大地提高挖土速度,为提早施工混凝土支撑提供有利条件。

2)第一道支撑以下土方开挖

(1)水平分块施工方法。

富水软土地铁基坑开挖成败的关键在于切实执行"分层、分段、分块、对称、平衡、限时"和"先撑后挖、限时支撑、严禁超挖"的基本原则,其中尽可能减少无支撑暴露时间和减少对被动区土体的扰动尤为关键。目前,较为理想的开挖方法为小分块内盆式循环推进开挖技术,将基坑在纵向分成若干个小块(一般以一跨为一块),在单个小块内先进行主动区土体开挖,然后再进行被动区土体开挖,并及时进行钢支撑架设后,再进行下一块土体开挖。针对在车站不同的位置,细分为3种具体的施工方法,具体如下:

首先针对车站扩大端斜撑区域采用半圆形或蘑菇形盆式开挖法,具体开挖方法详见表4-1。

斜撑位置半圆形或蘑菇形盆式开挖法   表4-1

开挖步骤	工序	示意图	备注
第一步	先开挖中间部分土方	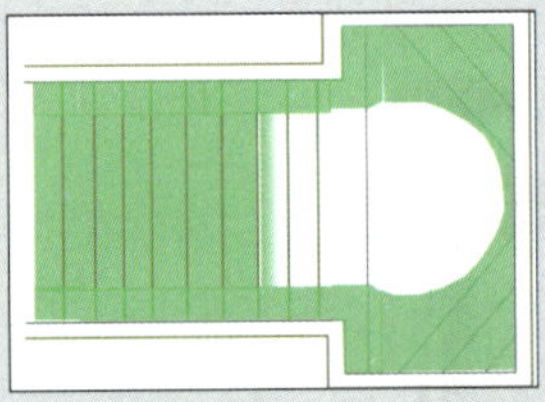	
第二步	当中间部分土方开挖完成之后,开挖角部土方,同步进行钢支撑架设	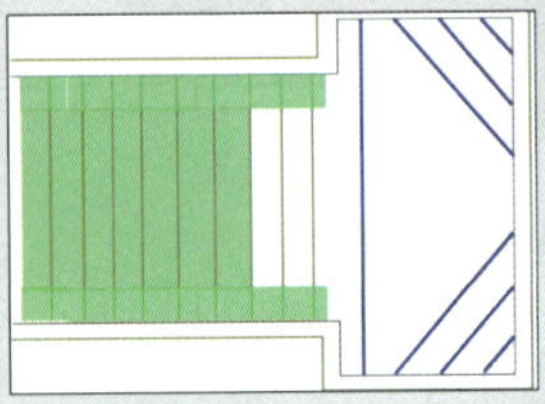	

本方法的特点包括:①在角部空间效应最弱的两点处,有效地留土护壁;②角部的土方开挖时间最短,无支撑暴露时间最短;③不影响挖掘机的停放。

针对车站标准段直撑区域的正"凸"形开挖方法,具体开挖方法详见表4-2。

直撑区域的正"凸"形开挖方法 表 4-2

开挖步骤	工序	示意图	备注
第一步	首先挖除本块土和下块土中间部位的土方		
第二步	然后挖除本块土两侧的护壁土方,挖土方式相当于"凸"字,同时挖土方向与"凸"字大小方向一致		

当直撑的间距较小、抓斗无法下放时,或者挖掘机挖到最后没有吊装空间时,可采用反"凸"形开挖方法,具体开挖方法详见表 4-3。

反"凸"形开挖方法 表 4-3

开挖步骤	工序	示意图	备注
第一步	土方开挖时首先挖除前进方向上中间的土方,留土护壁宽度以保证挖掘机能通过即可		

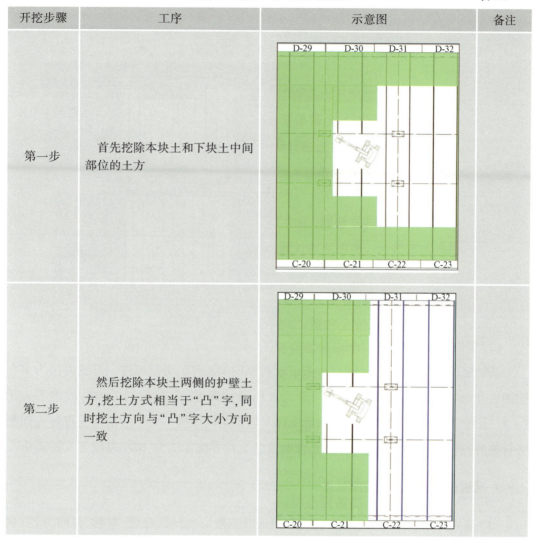

续上表

开挖步骤	工序	示意图	备注
第二步	然后再逆向挖除两侧的护壁土、安装支撑,挖土方向与"凸"字大小方向相反	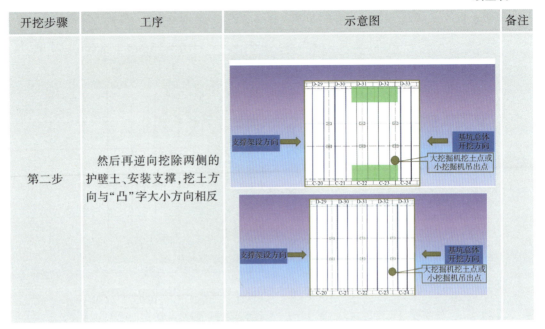	

(2)竖向分层放坡施工方法。

基坑竖向采用分层挖土方法,一般以支撑竖向间距作为分层厚度。开挖方法为多台挖掘机分台阶接力挖土,台阶宽度一般为2倍开挖深度,采用6~10m宽,坡度不大于1:3。开挖实施动态管理,前一根钢管支撑与坡顶的距离按不大于一倍钢支撑竖向间距进行控制,满足开挖机械作业空间后,及时安装支撑并施加轴力,减小基坑无支护面积。

3. 基坑开挖安全质量控制要点

(1)基坑开挖原则:基坑开挖应充分利用时空效应,分层、分段、对称、限时开挖,遵循"先撑后挖、限时支撑、分层开挖、严禁超挖"的原则,尽量减小无支撑暴露时间,控制基坑变形,从而保障工程周边环境安全。

(2)开挖前准备好相应堵漏机具及材料,开挖中如发现围护结构渗水,立即组织人员进行注浆堵漏,并设专门技术人员现场值班。

(3)基坑开挖前的准备工作已经就绪后,基坑开挖需待围护强度达到设计要求后方可进行。

(4)土方开挖应严格保证支撑及时跟进,开挖过程中先中间后两侧,可以在两侧预留土体护壁,减少围护桩的悬臂时间和悬臂长度。每步开挖所暴露的部分围护结构宽度宜控制在5~6m。

（5）开挖时，基坑周边堆载不得超过设计规定。当支护设计中已考虑堆载和车辆运行时，必须按设计要求进行，严禁超载。

（6）开挖过程中对基坑的净空进行测量，发现围护结构侵限情况，随挖随人工凿除处理。

（7）基坑应采用多级放坡开挖方式，纵坡坡度不宜大于1∶3，纵向放坡时，应在坡顶外设置截水沟，防止地表水冲刷坡面和基坑外排水回流渗入坑内。

（8）当夏季和雨季施工停歇时间较长时，开挖坡面尤其是楼梯坡面位置采用钢筋网喷混凝土或毡布覆盖，坡顶设置截水沟挡水堤，平台设置截水沟等措施。

（9）基坑开挖严格按照分层、分台阶开挖的原则进行，严禁大锅底开挖，并做好施工场地范围内的降、排水工作，避免基坑积水浸泡基坑，造成基坑施工危险。

（10）开挖到钢管支撑或基坑边角时，由人工或小型机具配合机械开挖，避免碰撞钢管支撑，造成基坑失稳。

（11）基坑开挖过程中设立监测体系，建立信息反馈系统。在开挖过程中对围护桩及钢管支撑、地表沉降、桩顶位移等派专人监测，做好观测记录，并根据监测数据及时调整监测频率，出现异常立即处理。

（12）基坑开挖过程中密切注意对监测点（管）的保护，严禁机械设备碰撞监测管，不得损坏任何监测点（管）。地面沉降监测点低于地面以下5cm并设置保护盖，其他监测管必须设置管盖并有明显标识。

（13）基坑挖土接近基底设计高程时，在上部顶留300mm土层，待下一工序开始前继续挖除，验槽合格后应立即施作混凝土垫层，封闭坑底，并严格执行施工相关规范、规程。

4.5 明挖法施工工艺综合经济指标分析

以蔡甸线临嶂大道站实测数据进行施工成本指标分析。项目经理部与施工队伍签订的是劳务分包合同，按设计方量进行结算。材料费按明挖法施工过程全部投入的材料数量进行摊销计算，但不包括混凝土及钢筋的原材料数量。机械成本按明挖法施工过程中使用到的机械设备进行摊销计算，主要包括汽车起重机、履带式起重机。

蔡甸线临嶂大道站实体混凝土工程量为34325m³。

（1）人工费分析。

所需人工费见表4-4。

人工费分析表　　　　　　　　　　　　　表 4-4

部位	项目	工程数量（m³）	综合单价（元）	合价（元）	成本单价（元）	备注
蔡甸线临嶂大道站	劳务分包	34325	150	5148750	150	

（2）材料费分析。

所需材料费见表 4-5。

材料费分析表　　　　　　　　　　　　　表 4-5

序号	项目	数量	单价（元）	残值（元）	合价（元）	成本单价（元）	备注
1	防水胶合板（m²）	47104.27	18.67	0	293145	25.62	摊销 3 次
2	板枋材（m³）	282.63	1950		551129	16.06	
3	钢模板（kg）	6441.58	6.99		45027	1.31	摊销 10 次
4	钢支撑（kg）	52835.27	6.99		369319	10.76	
5	钢管（km·d）	131628.9	23.84		3138033	91.42	
6	脚手架钢管底座（千个·天）	1716.3	65.74		112826	3.29	
7	附属材料	1	500000	0	500000	14.57	
	合计			40	5009470	145.95	
	合计(不摊销)			0	5009470	145.95	

明挖法侧墙采用钢模板、钢支撑,其他混凝土结构施工采用竹胶板、钢支撑,钢模板摊销 10 次计算,竹胶板摊销 3 次。

钢管支架采用市场租赁方式。

材料费的综合成本单价为 128.33 元/m³。

（3）机械费分析。

所需机械费见表 4-6。

机械费分析表 表4-6

序号	设备名称	设备型号	租赁单价（元）	使用时间（月）	合价（元）	成本单价（元）	备注
1	汽车起重机	30T	35000	10	350000	10.20	
2	履带式起重机	50T	65000	10	650000	18.94	
			合计			29.14	

注：设备进出场费、驾驶人员工资、燃油费包含在租赁单价中。

（4）明挖法施工综合经济指标分析。

明挖法施工综合经济指标见表4-7。

综合成本分析表 表4-7

序号	项目	工程数量（m³）	单价（元）	总价（元）	备注
1	人工费	34325	150	5148750	
2	材料费	34325	145.95	5009470	不含混凝土实体材料
3	机械费	34325	29.13	999887	
4	施工成本（工料机）	34325	342.15	11158107	—

4.6 本章小结

明挖法作为地铁车站施工采用最多的施工方法，在开挖过程中保证基坑变形稳定是关键，这与围护结构、内支撑、土体加固、基坑降水、土方开挖及内部结构相关。

围护结构主要体现在围护结构刚度、平整度和止水效果，围护结构刚度由设计决定，而平整度和止水效果由施工质量决定。

内支撑主要体现在支撑刚度、稳定性、架设速率和与土方开挖的协调，架设速率和与土方开挖的协调性由施工组织筹划决定。

土体加固可视作一道弹性模量不大的"支撑"，土体加固可以约束该处的围护变形。

基坑降水可以使土体固结,增强被动区土体强度,减小基坑变形的同时,可以提高土体自立性,便于挖土机械行走和作业;同时确保开挖过程中,承压水头和土层重力间的平衡与稳定。降水井布置,尤其是降压井的布置,应综合考虑与支撑架设和土方开挖作业的协调。

土方开挖关键在于尽可能减少基坑无撑暴露时间和尽可能减少对被动区土体的扰动。

基坑土方开挖完成后,坑内外荷载不均衡,导致基坑围护的持续变形。因此,要求挖完一块,尽早完成垫层浇筑一块,底板结构尽快完成并形成强度;依次快速完成剩余结构,并在过程中做好与拆撑的协调。

第5章

盖挖法施工技术

盖挖法，是指由地面向下开挖至一定深度后，施工结构顶板或临时盖板，将顶部封闭后，在其遮护下进行土方开挖并施工地下结构的一种施工方法。在车流量大、人员密集地带修建地铁车站时，若需要占用主干道且需要保证一定交通流量，采用盖挖法可以尽快恢复交通，并减小施工对居民的影响。在城市闹市区、交通流量大的地段施工时，盖挖法的社会效益和综合经济效益良好。

盖挖法的应用过程中，为了适应各工程的土质条件和施工环境，在盖挖的基础上，又演变出了一些不同类型的盖挖过程。按主体结构的施工顺序，盖挖法可分为盖挖顺作法、盖挖逆作法和半盖挖法。

盖挖法的施工技术要点根据施工工艺的不同而有所不同，这里主要介绍盖挖顺作法、盖挖逆作法和半盖挖法。

5.1 盖挖顺作法

5.1.1 施工工艺原理

盖挖顺作法是在现有道路上，按所需宽度在地面完成围护结构后，在围护结构上施作梁、板、路面，形成"盖"，实现临时路面系统，恢复道路交通；在临时路面系统的支护下，由上而下挖基坑内土方，并架设支撑，直至地下结构底部设计高程，然后再依照常规的施工顺序由下而上修筑车站主体框架结构和防水工程。待主体结构完成后，回填土方，拆除临时路面系统，正式恢复道路交通。

5.1.2 特点及适用范围

1）特点
(1) 不影响交通，保证繁忙交通主干道顺利行车；
(2) 便于操作，施工进度快，车站顺作便于主体结构施工；
(3) 结构依次形成，整体性好，对车站防水施工更为有利；
(4) 整体水平位移小，安全系数高，对地面的影响小。

2）适用范围
在路面交通不能长期中断的道路下方修建地下结构时，可以采用盖挖顺作法。

5.1.3 施工工艺流程

盖挖顺作法施工工艺流程如图 5-1 所示。

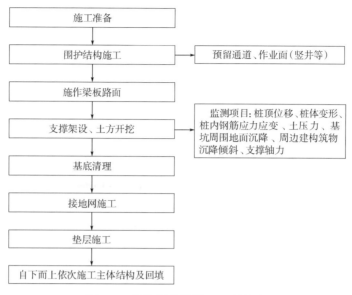

图 5-1 盖挖顺作法施工工艺流程

5.1.4 施工要点

1）临时路面铺盖系统施工准备

（1）临时盖板的形式和构造除应满足工程使用要求外，尚应做到拆装灵活，可重复利用。

（2）临时盖板体系作为承重结构使用时，应明确上覆荷载大小、类型及负荷方式。

（3）临时盖板体系宜有防渗漏、排水措施，设置横向及纵向排水坡。

（4）临时盖板体系作为行车道路使用时，应符合下列规定：

①盖板路面和原路面应顺坡相接。

②表面宜设置路面铺装层，铺装层可采用沥青、钢筋混凝土、钢纤维混凝土等，或采用工厂预制铺装产品。

③应设置限重、限速等交通标志。

（5）盖板梁可选用钢筋混凝土梁、型钢梁或钢桁架梁。

（6）盖板梁的设置应符合下列规定：

①盖板梁宜单独设置，也可与首道支撑结合设置。当盖板梁兼作首道支撑时，应符合相关规范的规定。

②应按使用功能的要求控制盖板梁挠度，挠度超过允许范围时，应加强梁体或设置中间立柱。

③应进行设计荷载下的安全检算。

(7）钢筋混凝土梁施工应符合下列规定：

①现浇钢筋混凝土梁宜一次浇筑成型；

②梁上各类预埋件均不得遗漏，且应满足设计安装精度要求。

(8）型钢梁施工应符合下列规定：

①型钢梁的加工与拼装应符合现行《钢结构工程施工质量验收标准》（GB 50205）的规定；

②型钢梁安装前应按设计要求进行除锈防腐处理，除锈等级不宜低于 St_2，当设计对涂层厚度无明确要求时，涂层干漆膜总厚度不宜小于 $150\mu m$；

③搭设在围护结构上的型钢梁，宜采用预埋螺栓连接，预埋螺栓位置要准确，埋置深度和数量应符合设计要求，螺栓位置应满足安装精度要求；

④型钢梁采用焊接连接时，梁翼缘接缝处宜设置加强连接板。

(9）钢桁架梁施工应符合下列规定：

①钢桁架梁构件的选用应符合下列规定：

a.应使用钢桁架梁配套的钢销、钢楔、螺栓、槽钢等配件，自行加工时应满足受力要求。

b.标准型构件不可直接替代加强型构件，当替代时应经计算复核并采取补强措施。

②钢桁架梁的拼装应符合下列规定：

a.钢桁架梁施工应按设计图纸进行，并编制专项施工方案。

b.拼装前应逐一检查构件外观，不得使用变形、破损、开裂、脱焊及严重锈蚀的构件。

c.拼装时应核对各构件的规格型号，其中标准型、加强型构件不得错用。

d.连接钢销应安装牢固，销帽应贴紧构件，钢楔打入楔孔应完全到位，不得松动。

③钢桁架梁混凝土支座上的预埋件及螺栓位置应准确，允许偏差应为 ±3mm，螺栓的埋置深度和数量应符合设计要求。

④钢桁架梁的架设安装应符合下列规定：

a.安装前，应复核已拼装成榀的钢桁架梁体中线，梁体的侧向弯曲矢高允许偏差应为梁长的 1/1000，且不应大于 20mm。

b.应在支座上逐一放出钢桁架梁的定位轴线，严格按轴线进行架设安装，钢桁架梁纵向允许偏差应为 ±20mm，横向允许偏差应为 ±10mm。

c.各构件弦杆在相邻节点间不平直度不应大于 5mm。

⑤钢桁架梁上宜设置监测点，定期对梁上、下弦杆的受力和变形值进行监测，并应符合相关规定。

⑥钢桁架梁安装完毕,应有防止侧移的措施。

2)基坑土方开挖及钢支撑施工

开挖遵循"分层、分段、对称、均衡、适时"的原则,快挖快撑,减少无支撑暴露时间,土方开挖的过程需与设计计算工况相当,基坑土方开挖的方案必须充分考虑地质情况。基坑开挖须充分利用"时空效应"以提高工程施工质量、减少安全隐患,合理划分开挖顺序和每步开挖土体的空间尺寸,保证每一工况挖土及钢支撑的安装时间不超过 8h。基坑边 2m 范围内不允许堆载,2m 范围外基坑附近堆载不大于 15kPa。开挖过程中密切注意对围护结构及周边环境的监控量测,根据监控量测信息回馈分析结果,不断优化调整施工参数。横向先开挖中间土体,然后开挖两侧土。基坑开挖过程中,必须提前挖设。

排水沟、集水井,避免土方浸泡造成开挖困难。基坑土方开挖必须根据基坑规模配备合理的挖掘设备,根据具体地质条件选择合适的土方开挖坡度。基坑土方开挖一般采用后退法开挖,首层土方一般由挖掘机直接装车外运;首层以下土方根据可在坑内放大小合适的挖掘机倒土配合长臂挖掘机或伸缩臂抓斗出土。

土方开挖至支撑下(满足支撑施工条件)位置,即按照设计要求安装钢支撑或施工钢筋混凝土支撑,钢支撑安装后立即施加预应力并检查确认支撑的稳定性,安全后方可继续下挖施工;若支撑为钢筋混凝土支撑,必须待强度达到设计要求后,方可进行下一步开挖。挖掘土方过程中,对于有中间立柱的部位,必须对称开挖,避免钢立柱受水平荷载而受弯变形。挖掘机挖土过程中,必须配有经验丰富的施工人员现场指挥,切实保护好格构柱、支撑等支护系统不受碰撞,人工配合挖土、清底。

施工过程中严禁超挖土方,工作面形成之后,各台阶平行推进,逐段开挖。在水平方向,各挖掘机流水作业,保证各个台阶高程及整体稳定性,开挖至基底时,要预留 0.3m 的保护层,采用人工开挖、修平,控制基底超挖,以保证基坑底土层不被扰动。

基坑开挖期间必须加强施工监控量测,随时掌握土体压力、支撑轴力、地下水位变化等情况,每天安排专人进行现场安全巡查并进行记录。巡查主要检查支护结构成型质量、冠梁、腰梁、支撑裂缝情况、支撑变形情况、墙后土体有无裂缝滑移情况、周边环境情况、开挖地质是否与地勘资料相符及基坑内有无涌土、流沙、管涌情况等。

3)主体分段

地铁主体结构按照纵向分段、竖向分层的原则进行施工。纵向按 20m 左右分成若干个施工段,竖向分底板及侧墙、中板及侧墙、顶板三层。

4)路面恢复

主体结构施工完毕后,按交通导改方案在路面分两半幅围挡,拆除沥青混凝土面层、钢筋混凝土预制盖板及军用梁,分层回填土压实,同时回迁相关管线,然后做路面基层及面层,恢复正式路面。

5.1.5 综合经济指标分析

以蔡甸线临嶂大道站实测数据进行施工成本指标分析。项目经理部与施工队伍签订的是劳务分包合同,按设计方量进行结算。材料费按盖挖顺作法施工过程全部投入的材料数量进行摊销计算,但不包括混凝土及钢筋的原材料数量。机械成本按盖挖顺作法施工过程中使用到的机械设备进行摊销计算,主要包括汽车起重机、履带式起重机等。

蔡甸线临嶂大道站盖挖顺作法实体混凝土工程量为3120m^3。

(1)人工费分析。

所需人工费见表5-1。

人工费分析表　　　　表5-1

部位	项目	工程数量(m^3)	综合单价(元)	合价(元)	成本单价(元)	备注
蔡甸线临嶂大道站	劳务分包	3120	170	530400	170	

(2)材料费分析。

所需材料费见表5-2。

材料费分析表　　　　表5-2

序号	项目	数量	单价(元)	残值(元)	合价(元)	成本单价(元)	备注
1	防水胶合板(m^2)	4758	18.67	0	88816	28.47	摊销3次
2	板枋材(m^3)	28.55	1950		55669	17.84	
3	钢模板(kg)	585.24	6.99		4091	1.31	摊销10次
4	钢支撑(kg)	5285.86	6.99		36948	11.84	
5	钢管(km·d)	11964.5	23.84		285234	91.42	
6	脚手架钢管底座(千个·天)	156.0	65.74		10255	3.29	
7	附属材料	1	50000		50000	16.03	
	合计				531013	170.20	

盖挖顺作法侧墙采用钢模板、钢支撑，其他混凝土结构施工采用竹胶板、钢支撑，钢模板摊销 10 次计算，竹胶板摊销 3 次。

钢管支架采用市场租赁方式。

材料费的综合成本单价为 164.48 元/m³。

（3）机械费分析。

所需机械费见表 5-3。

机械费分析表　　　　　　　表 5-3

序号	设备名称	设备型号	租赁单价（元）	使用时间（月）	合价（元）	成本单价（元）	备注
1	汽车起重机	30T	35000	2	70000	22.44	
2	履带式起重机	50T	65000	1	65000	20.83	
			合计			43.27	

注：设备进出场费、驾驶人员工资、燃油费包含在租赁单价中。

（4）盖挖顺作法施工综合经济指标分析。

盖挖顺作法施工综合经济指标见表 5-4。

综合成本分析表　　　　　　　表 5-4

序号	项目	工程数量（m³）	单价（元）	总价（元）	备注
1	人工费	3120	170	530400	
2	材料费	3120	170.20	531013	不含混凝土实体材料
3	机械费	3120	43.27	135000	
4	施工成本（工料机）	3120	383.47	1196413	

5.2　盖挖逆作法

5.2.1　施工工艺原理

盖挖逆作法是先施作车站主体围护结构及中间桩柱，然后将结构盖板（顶板）置于围护结构、中间桩柱（钢管柱或混凝土柱）之上，先以临时路面或结构顶板维持地面畅通再向下施工，自上而下完成土方开挖和边墙、中板及底板的施工方法。盖挖逆作法施工主要是为了减少施工占地或缩短占地时长。

5.2.2 特点及适用范围

1. 特点

以刚性高的地下结构体作为挡土支撑，以自上而下的顶板、中隔板作为水平支撑体系，刚度大，可营造一个相对安全的作业环境；占地少、回填量小、交通导改灵活；快速覆盖，缩短中断交通的时间；地上地下结构同时施工，进度较快，工期短；设备简单、不需大型设备，操作空间大、操作环境相对较好；受气候影响小、低噪声、扰民少；但逆打接头施工复杂，垂直构件续接处理困难；钢柱需插入桩基，钢柱安装精度控制困难；开挖至最底部若产生上举现象，对基桩会有不良影响。

2. 适用范围

适用于开挖面较大、作业空间较小、覆土较浅、基坑形状复杂、周围环境复杂或建筑物过于靠近、工期要求紧迫或需要及早恢复路面交通的地下轨道交通工程。和盖挖顺作法相比，如果水文地质较差，土质软弱，水土压力较大，同时考虑盖板下支撑施工困难，支撑及时性等因素，盖挖逆作法对于基坑变形控制更有利。

5.2.3 施工工艺流程

盖挖逆作法施工工艺流程如图 5-2 所示。

5.2.4 施工要点

1. 围护结构施工

一般采用地下连续墙作为盖挖逆作车站围护结构，也可采用钻孔灌注桩，具体根据工程需求进行选择。与明挖车站不同的是，盖挖逆作法的顶板与围护结构连接节点处理，通常是将围护结构顶板底以上部分围护结构破除一半形成"L"形槽口，围护结构钢筋需要锚入顶板之中，顶板的竖向荷载传递到围护结构上，同时，顶板给围护结构提供一个向基坑外侧方向的水平反力，从而约束围护结构向基坑内侧的水平位移。

具体施工要点详见本书 2.1.4 及 2.2.4。

图 5-2 盖挖逆作法施工工艺流程

2. 钢管柱施工

在给厂家进行钢管柱加工交底之前,需要结合围护结构图、主体结构图、建筑图和现场实际情况,对钢管柱进行进一步深化设计,对设计图中的冲突点和遗漏点逐一进行核查,对每根钢管柱进行编号,并出具钢管柱加工图,对加工厂进行严格交底。

基础桩混凝土采用超缓凝混凝土,初凝时间确定主要以钢管柱安装完成时间为主要指标进行控制,结合混凝土拌和运距、现场浇筑时长以及钢管柱安装时长等综合考虑确定。初凝时间太短,容易导致钢管柱定位调整困难,初凝时间过长,不利于基础桩成桩质量和插桩平台的周转使用。因此,初凝时间一般以 25~36h 为宜,需要提前做好配合比验证。

工具柱的长度选择要充分考虑全回旋钻机的施工高度、钢管柱顶部的埋设(距离原地面的深度)和预留长度来确定。工具柱安装,需要通过水平仪及经纬仪对钢管柱及工具柱上部水平垂直度和侧面垂直度进行校正,保证工具柱和钢管柱同心同轴;法兰与法兰连接处用硅胶封死,减少钢管柱下插后渗入内部的水量。

在钢管柱下插过程中,易出现钢管柱底法兰与基础桩钢筋笼主筋碰撞的情况,导致下插定位困难。主要解决措施:一是在钢管柱的铆钉上设置导向筋;二是基础桩钢筋笼顶部主筋适当弯折外扩 3~5cm,第一道加强箍下移 20~30cm。

钢管柱安装过程中,必须使用测斜仪对钢管柱安装定位进行垂直度校核,同时使用经纬仪人工复核,从而确保钢管柱最终安装垂直度满足设计要求。

全回旋钻机拆除时间:在基础桩混凝土初凝之后再等不少于 12h,此时的钢管柱固定主要靠基础桩锚入部分和插桩平台的紧固装置。插桩平台和工具柱拆除时间:在全回旋钻机拆除之后再养护不少于 12h,且在钢管柱四周孔壁回填完成之后,此时的钢管柱主要靠基础桩锚入部分和钢管柱四周回填的碎石共同固定。

3. 降水井施工

结合水文地质条件及基坑降水深度选择合适的降水井施工方案,具体施工要点详见本书 3.1。

4. 冠梁施工

盖挖逆作法冠梁与明挖法冠梁施工基本相同,具体施工要点可参照本书 4.4。

5. 阴角加固施工

阴角加固施工一般采用高压旋喷桩施工工艺,具体施工要点可参照本书 3.2.2。

6. 土方开挖施工

盖挖逆作法土方开挖及坑内水平转运采用小型挖掘机,坑内土方至地面的垂直运输主要采用长臂挖掘机或挖斗,也可使用皮带运输机。分层、分段及开挖顺序与明挖基本一致。

鉴于盖挖逆作法施工特点,基坑开挖过程中一旦出现围护结构渗漏水情况,组织应急抢险难度大,因此,在土方开挖前务必做好围护结构接缝探挖工作,开挖过程中如发现渗漏水迹象,可提前做好应对或处置措施,从而避免险情扩大。

盖挖逆作法车站场地狭小,且垂直运输效率不高,因此,在场地布置阶段要充分考虑顶板上方设置临时渣土池,从而保证土方开挖工效。临时渣土池设置结合后续盾构施工一并设计,避免二次改造。

7. 地模施工

一般而言,盖挖逆作法地铁车站主体结构顶板、中板及梁均采用地模施工支撑体系浇筑混凝土结构板。施工技术控制要点如下:

开挖前,对基坑内地下水进行降水处理,并确保地下水位在施工结构面以下1m,在顶板地模施工及主体结构混凝土工程施工中,暂停降水,维持地下水位基本不变,以防止地下水位降水过低后引起地模结构不均匀沉降。在土方开挖过程中,加强对地表及地下水的处理,每个施工单元四角开挖1.0m×1.0m×1.0m的汇水井,并在适当位置设置排水沟,将地表水引至汇水井集中抽排。

车站结构板高程按"设计高程 + 预拱度"控制,测量放样按结构设计高程、平面位置、起拱高度和预沉降量以及主体结构纵向的设计坡度控制。开挖方式采用机械开挖和人工收底相结合,待挖至垫层底面高程上约20cm处时,改由人工开挖及清底。每层盖挖土方开挖过程中,保持开挖坡面不大于1∶1.5的坡度,严禁开挖垂直坡面或掏"神仙土",防止上方土体坍塌破坏机械或造成人员伤亡;盖挖土方开挖遵循"时空效应"原理,随挖随运、随挖随清,及时清除上层结构板底未脱落的木模、垫层及梁沟砂砖,防止物体高处掉落砸伤人员或损坏机械设备。开挖及清底时禁止超挖,保持原状土,若有超挖应分层回填夯实。

开挖到结构板垫层底高程后,对基底进行钎探试验,检验地基承载力。基底局部承载力特征值及基底压力不满足要求时,对软基进行换填、改良处理,确保满足设计要求。如采用掺拌10%的 P.O32.5 水泥或石灰,深度为30~50cm,采用蛙式打夯机分层压实,保证土体夯实质量,避免浇筑时地模出现变形;防止因基底承载力不够,引起不均匀沉降,进而导致混凝土结构出现贯通性裂缝,发生大面积渗漏。

基底表层土清理完成后,用夯机进行夯实,经水准仪抄平后,为避免后期拆除时垫层整体掉落,从基础砖胎槽的外边线往外,用100mm×100mm的方木作为混凝土垫层的外侧模板,周边贯通,方木的上皮高程用水准仪抄平;为控制混凝土垫层的无规则裂缝,垫层按2m×2m(不足2m的边角另分一块)进行分仓,分仓缝用20mm×30mm小方木埋入混凝土垫层中,做成分仓缝,注意木条上口平齐、顺直;用φ6mm短钢筋头作桩,用全站仪测出垫层上高程,并在钢筋桩上做出标记。当混凝土浇注到分仓缝处时,及时压入分格方木条。基底采用蛙式打夯机全范围夯实。

垫层具有一定强度后,为便于结构板垫层易脱落,不出现高处掉物造成人员伤亡或机械设备损坏的情况,在垫层表面铺设一层隔离层,隔离层起脱模作用,防止结构混凝土与地模混凝土黏结,利于开挖过程中垫层脱落,避免安全事故发生。一般情况下,隔离层采用1mm厚薄铁皮,用水泥钉固定在地模混凝土垫层上,但考虑到土方开挖后铁皮容易刮伤、划伤人,且易变形损坏,不能重复利用,施工成本增加,因此,综合考虑安全、经济成本、施工进度,建议采用塑料薄膜铺设于垫层表面,不仅降低了施工成本,消除了施工安全隐患,而且隔绝了地下水渗透木胶板。杜绝垫层未干时便开始铺设塑料薄膜,以防止收缩造成塑料薄膜撕裂。为确保主体结构外观质量,并在隔离层上铺设木板,木模板用钉子与木方相连。模板安装过程中,拼缝采用"硬拼法",确保模板拼缝严密不漏浆,保证接茬平整、无翘曲,接缝位置可以采用胶带粘贴,避免错台和漏浆。

8. 结构施工

盖挖逆作法车站结构施工与明挖车站并无太大差异,但因施工工序不同,因此,侧墙施工中需要注意一些细节。

侧墙钢筋施工,一般侧墙竖向主筋采用机械连接或者焊接。拿两层站为例,如采用机械连接,负一层侧墙竖向主筋需要在中板浇筑之前连接预埋好;在负二层土方开挖时,由于中板上浮对负一层侧墙钢筋产生压弯现象,为避免该现象,可以通过两种方式解决:一是调整侧墙施工顺序,中板施工完成后立即施工负一层侧墙;二是侧墙竖向钢筋不提前预埋,后期侧墙施工前采用焊接接头。

侧墙混凝土施工,由于侧墙上部中、顶板已先行施工,考虑混凝土浇筑作业空间问题,侧墙施工采用单侧大型钢模板或钢木结合模板体系更有利于现场施工。盖挖逆作法施工侧墙密实度至关重要,为此在侧墙上部的施工缝处进行浇筑时,模板顶部预留浇筑簸箕口,浇筑侧墙时确保簸箕口内混凝土高度高于施工缝高度20~30cm。同时,为了确保施工缝处混凝土浇筑密实,施工缝需预留斜茬(内高外低),有效延长渗水通道,进而提高施工缝的防渗漏能力。

5.2.5 综合经济指标分析

以迎宾馆站实测数据进行施工成本指标分析。项目经理部与施工队伍签订的是劳务分包合同,按设计方量进行结算。材料费按盖挖逆作法施工过程全部投入的材料数量进行摊销计算,但不包括混凝土及钢筋的原材料数量。机械成本按盖挖逆作法施工过程中使用到的机械设备进行摊销计算,主要包括门式起重机等。

迎宾馆站盖挖逆作法实体混凝土工程量为28253.54m^3。

(1)人工费分析。

所需人工费见表5-5。

人工费分析表　　　　　　　　　　　　　　　表5-5

部位	项目	工程数量（m³）	综合单价（元）	合价（元）	成本单价（元）	备注
迎宾馆站	劳务分包（不含钢筋）	28253.54	283.1	7998069	283.1	混凝土模板安装、混凝土浇筑、架子搭设及钢支撑租赁、安拆

（2）材料费分析。

所需材料费见表5-6。

材料费分析表　　　　　　　　　　　　　　　表5-6

序号	项目	数量	单价（元）	残值（元）	合价（元）	成本单价（元）	备注
1	防水胶合板（m²）	27704	22.43		621471	22.00	平模摊销1次，立模摊销3次
2	板枋材（m³）	120.00	812.5		97500	3.45	摊销10次
3	钢模板（t）	107.20	7580	407360	202608	7.17	按65m配置，摊销20次，用两个工地
4	钢管（元/t·天）	44.4	3650		161885	5.73	租赁
5	加气砖（m³）	895.0	335		299825	10.61	
6	水泥（t）	185.0	432		79920	2.83	
7	砂（m³）	950.0	155		147250	5.21	
8	钢筋制作、安装耗材（t）	5606.3	10		56063	1.98	
9	木工五金耗材（m²）	27705.0	12		332460	11.77	
10	附属材料	1	290500		290500	10.28	安全网、土工布、雨布、钢索绳、吊环、灯具、线缆、电箱、电工耗材、射钉等
	合计				2289482	81.03	

盖挖逆作法侧墙采用钢模板、钢支撑，其他混凝土结构施工采用竹胶板、钢支撑，钢模板摊销20次计算，竹胶板平模摊销1次，立模摊销3次。

钢管支架采用市场租赁方式。

材料费的综合成本单价为 81.03 元/m³。

(3) 机械费分析。

所需机械费见表 5-7。

机械费分析表　　　　　　表 5-7

序号	设备名称	设备型号	租赁单价（元）	使用时间（月）	合价（元）	成本单价（元）	备注
1	门式起重机	15t	30000	24	720000	25.48	2 台
2	叉车	3T	15000	5	75000	2.65	
合计						28.13	

注：设备进出场费、驾驶人员工资、燃油费包含在租赁单价中。

(4) 盖挖逆作法施工综合经济指标分析。

盖挖逆作法施工综合经济指标见表 5-8。

综合成本分析表　　　　　　表 5-8

序号	项目	工程数量（m³）	单价（元）	总价（元）	备注
1	人工费	28253.54	283.1	7998069	
2	材料费	28253.54	81.03	2289482	不含混凝土实体材料
3	机械费	28253.54	28.14	795000	
4	施工成本	28253.54	392.25	11082551	

5.3 半盖挖法施工技术

5.3.1 施工工艺原理

半盖挖法全称半盖明挖顺作法，此工法是为了不影响交通或其他城市功能，在深基坑开挖前先施工临时路桥，遮盖一半恢复交通，另一半敞开按明挖顺作施工的一种工法。

5.3.2 特点及适用范围

1) 特点

半盖挖法施工结构变形小，有利于保护建筑以及周围的设施，施工相对安全，且相对造价成本低,适用范围广,施工工期相对较短,对周边环境影响小,可以很大程度上减少对公共交通的影响。

2)适用范围

城市地铁车站基坑部分施工需长期占用部分道路,但城市道路交通繁重,难以满足长期占用的要求,可采用半盖挖法施工,即一半明挖一半盖挖顺作。

5.3.3 施工工艺流程

半盖挖法施工工艺流程如图 5-3 所示。

图 5-3 半盖挖法施工工艺流程

5.3.4 施工要点

(1)道路交通导改采用防撞混凝土墩进行隔断,均匀间隔布置并采用钢管串联,沿导改段落粘贴反光贴。防撞混凝土墩靠围蔽一侧间隔围蔽 1.5m,方便日常安全巡查。

(2)临时立柱紧随围护结构施工,临时立柱从中间向两端施工,与围护结构施工场地穿插进行,严格控制临时立柱垂直度和混凝土浇筑质量。

(3)冠梁施工前,将地下连续墙/钻孔灌注桩顶部混凝土凿除,凿除之前在外侧施放一条高程线,对墙/桩顶高程进行控制,凿除的墙/桩顶面必须平整,局部高差不大于 20mm。破除过程中严禁折断地下连续墙/钻孔灌注桩伸入冠梁内的钢筋,墙/桩顶破除后,冠梁尺寸范围内的土层、积水应清除干净,对锚固筋进行调直处理;如有超出冠梁高度的部分,则设置弯钩。加强凿除过程中对监测元件的保护;对监测元件布置位置的混凝土,使用人工凿除方式,同时对监测元件采取加保护盖的方式进行保护。

(4)基坑开挖采用机械开挖,从一端向另一端分台阶采用后退法施工,并随开挖深度分别施工内部支撑,做到随挖随撑。

(5)混凝土浇筑前模板内侧应涂刷脱模剂,脱模剂应采用亲水性脱模剂,不宜选用油性脱模剂,保证后期装修与结构混凝土之间的黏结能力。

(6)侧墙施工至横撑以下50cm以及强度达到设计强度以后,方可进行基坑内部横撑拆除,内部横撑根据侧墙施工进度逐步拆除,严禁一次性全部拆除。

(7)防水层施工应保证顶板干净整洁,表面无浮土为准,本段防水施工与已施工段防水搭接不宜小于50cm,验收合格后方可进行顶板覆土回填。

(8)顶板覆土回填应采用分层回填,分层压实,每层回填厚度不应大于30cm,压实度不应小于96%,回填土应采用小型机具碾压。

5.3.5 综合经济指标分析

半盖挖法施工分包单价,明挖部分采用明挖单价,盖挖部分采用盖挖单价,综合费用介于两者之间,此处不再赘述。

5.4 本章小结

盖挖顺作法在盖板保护下基坑开挖到底后,由下往上进行结构的施作;盖挖逆作法在顶板的保护下边开挖边施作车站结构,无须设置水平支撑,但需要处理横向施工缝。

盖挖顺作法的优势在于:施工作业面多;方法简单、速度快;支撑构架单纯;工期较易掌握;较易掌控工程质量;工程造价低。

盖挖逆作法的优势在于,以刚性高的地下结构体作为挡土支撑,自上而下的顶板、中隔板及水平支撑体系刚度大,可营造一个相对安全的作业环境;占地少、回填量小,可分层施工,也可分左右两幅施工,交通导改灵活;快速覆盖、缩短中断交通的时间;地上地下结构体同时施工,进度较快,工期短;设备简单、不需大型设备,操作空间大、操作环境相对较好。受气候影响小、无冬期施工要求,低噪声、扰民少。

半盖挖法是结合明挖和盖挖的修筑方法,施作整个车站的半边桥梁体系,作为交通道路或施工场地,另外半边作为施工出土和进料的敞口。主体基坑一侧为盖挖,另一侧为明挖。具有施工效率高、成本低、结构稳定等特点。

CHAPTER SIX 第6章

暗挖法施工技术

6.1 双侧壁导坑法

6.1.1 施工工艺原理

双侧壁导坑法是一项边开挖边支护的施工技术,其原理是:利用两个中隔壁把整个隧道大断面分成左、中、右3个小断面施工,左、右导洞先行,中间断面紧跟其后;初期支护仰拱成环后,拆除两侧导洞临时支撑,形成全断面。两侧导洞皆为倒鹅蛋形,有利于控制拱顶下沉。

6.1.2 特点及适用范围

1. 特点

双侧壁导坑法遵循"短台阶、强支护、紧封闭、快成环"的原则,确保支护结构与岩土体受力均衡、快速稳定,并共同承受上方构筑物荷载,确保地表既有构筑和隧道施工双安全。分步开挖、步步成环,确保各工作面能够平行流水作业,有利于加快工程进度。施工过程中对隧道拱顶下沉、水平净空收敛和地表下沉数据进行测量和处理分析,对岩土体和支护结构进行稳定性动态分析管理,确保施工安全。与以往浅埋暗挖隧道施工相比,该方法更加注重地表构筑的安全保障,因此,施工技术难度极大。

2. 适用范围

双侧壁导坑法适用于复杂地质环境下大断面隧道超浅埋暗挖施工,尤其适合地下洞室穿越结构物等复杂工程环境施工。

6.1.3 施工工艺流程

双侧壁导坑法施工工艺流程如图6-1所示。

6.1.4 施工要点

1. 超前小导管支护

(1)在小导管成孔后,应及时快速安设小导管,保证在钻孔稳定时将小导管送到孔底。超前小导管施工如图6-2所示。

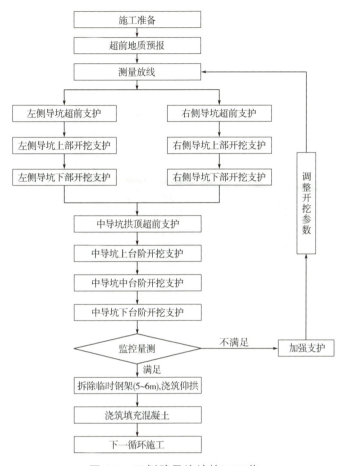

图 6-1 双侧壁导坑法施工工艺

图 6-2 超前小导管施工

(2) 小导管方向与隧道中线平行,外插角要符合设计要求。

(3) 当注浆压力达到设计终压(1.0~1.5MPa)不少于5min,进浆量仍达不到注浆量时,也可结束注浆。

(4) 钢管顶进时,保护注浆管口不受损变形,以便注浆连接。

2. 锁脚锚杆施工

（1）开挖初喷后尽快施作锚杆，然后复喷。锁脚锚杆施工如图6-3所示。

图6-3　锁脚锚杆施工

（2）锚杆原材料规格、长度、直径符合设计要求。锚杆孔位、孔深及布置形式符合设计要求。

（3）按设计要求定出锚杆孔的位置，孔距偏差不大于150mm；锚杆孔的孔轴方向满足施工图纸的要求，锚杆的钻孔孔径大于锚杆直径；锚杆孔深偏差值不大于50mm。

3. 钢架支撑

（1）型钢钢架应采用冷弯工艺加工，严禁采取气割、烧割等损伤母材的弯制法；格栅钢架应采用胎模焊接；所有部件连接应焊接牢固；加工的成品经验收合格方可使用。

（2）隧道内搬运钢架应装载牢固，防止发生碰撞和掉落。

（3）钢架提升设备应有足够能力，埋设吊点应牢固。架设钢架时应采取防护措施，不得利用装载机作为钢架安装作业平台。

（4）钢架节段及钢架之间应及时连接牢固，防止倾倒，钢架背后的空隙必须用喷射混凝土填充密实，严禁背后填充片石等其他材料；钢架安装完成后应及时施作锁脚锚杆（管），并与之连接牢固，钢架底脚严禁悬空或置于虚渣上。钢架支撑安装如图6-4所示。

（5）采用分部法开挖的隧道，下部开挖后钢架应及时接长、落底，严禁钢架底脚悬空以及两侧同时开挖接长，且应根据围岩情况控制开挖长度，底脚应增设锁脚锚杆。

图 6-4　钢架支撑安装

4. 导洞开挖

（1）侧壁导坑断面较大，开挖时分为 2~3 个台阶分部开挖，每节台阶高度在 2~4m。

（2）土方开挖为人工配合机械化开挖作业，距离轮廓边缘线 30~40cm 设置修面层，必须采用人工开挖以保证开挖轮廓线圆顺。

5. 喷射混凝土

（1）所用材料的规格和质量符合设计和相关规范的规定，其中水泥需先进行试验，符合有关规定后方可使用。

（2）喷射混凝土的配合比、计量、搅拌、喷射符合施工规范要求，喷料随拌随用，不超过规定时间，不夹泥夹渣。喷射前，清理岩面；厚度较大时分层喷射，严格掌握水压、风压和喷射距离，做到厚度符合设计和安全要求，表面平顺。

（3）喷射混凝土结构，确保不出现脱落和露筋现象。

（4）架立钢架前初喷一层混凝土，架立后先喷射钢架与围岩之间的混凝土，然后再喷射钢架间混凝土，并由两侧拱脚向上对称喷射，将钢架完全覆盖，保证钢架背面喷射填满，厚度满足设计要求，表面平整圆顺，无大的起伏凹凸，如图 6-5 所示。

6. 拆除临时钢架支撑

（1）在隧道初期支护全部贯通之后，在二次衬砌施工之前，严格按拆撑试验确认拆除临时横撑工艺，如图 6-6 所示。

（2）拆除过程严格监控隧道，在周边位移速率小于0.1mm/d，拱顶下沉速率小于0.15mm/d时，方可进行临时支撑及中隔壁拆除。

图 6-5　喷射混凝土

图 6-6　临时钢架支撑拆除

7. 二次衬砌结构施工

（1）针对暗挖断面大、中隔壁拆除风险大等问题。应合理安排拆除顺序，采用人工加机械破除临时横撑及中隔壁混凝土。采用手拉葫芦悬吊型钢进行分节割除。水平运输吊出。

（2）针对大断面整体式台车在行走中的稳定性问题。应选择有资质的厂家设计及安装台车，需经过严密计算。台车移动前确定轨道上无杂物，断面范围无阻挡物，缓慢匀速移动。定位好台车后采取限位装置，防止台车偏压滑动。

（3）浇筑过程中的振捣以及拱顶的浇筑密实是重要的技术把控点，可保证大体积混凝土拱部对称、连续浇筑不出现冷缝。二次衬砌施工如图6-7～图6-11所示。

图 6-7　二次衬砌防水板施工

图 6-8　二次衬砌结构钢筋施工

图 6-9　二次衬砌仰拱钢筋施工

图 6-10　二次衬砌台车拼装

图 6-11　二次衬砌结构成型

6.1.5　综合经济指标分析

以长沙地铁 6 号线烈士公园站实测数据进行施工成本指标分析。项目经理部与施工队伍签订的是劳务分包合同,按设计方量进行结算。材料费按双侧壁导洞法施工过程全部投入的材料数量进行摊销计算,但不包括混凝土及钢筋的原材料数量。机械费按双侧壁导洞法施工过程中使用到的机械设备进行摊销计算,主要包括汽车起重机、履带式起重机、混凝土地泵等。

长沙地铁6号线烈士公园站实体混凝土工程量为11100.4m³。

(1)人工费分析。

所需人工费见表6-1。

人工费分析表　　　　表6-1

部位	项目	工程数量(m³)	综合单价(元)	合价(元)	成本单价(元)	备注
长沙地铁6号线烈士公园站	劳务分包	11100.4	615.6	6833406	615.6	

(2)材料费分析。

所需材料费见表6-2。

材料费分析表　　　　表6-2

序号	项目	数量	单价(元)	残值(元)	合价(元)	成本单价(元)	备注
1	液压台车(t)	275	8654.55	0	2380001	214.4	台车尺寸特殊无法周转
2	盘扣脚手架(m³)	13125	35.00		459375	41.38	
3	附属材料	1	500000	0	500000	14.57	
	合计			40	3339376	300.83	
	合计(不摊销)			0	3339376	300.83	

双侧壁导洞法拱墙采用液压台车进行浇筑,由于断面面积大,尺寸特殊,液压台车为特别定制,后期无法重复利用;洞内站台板及中板、顶部、轨顶风道均采用常规满堂架进行施工。

材料费的综合成本单价为300.83元/m³。

(3)机械费分析。

所需机械费见表6-3。

机械费分析表　　　　　　　　　　　　　　　　表6-3

序号	设备名称	设备型号	租赁单价（元）	使用时间（月）	合价（元）	成本单价（元）	备注
1	汽车起重机	30T	35000	7	245000	7.14	
2	履带式起重机	50T	65000	7	455000	13.26	
3	混凝土地泵费用(46m)		25000	7	175000	15.77	
合计						36.17	

注：设备进出场费、驾驶人员工资、燃油费包含在租赁单价中。

（4）双侧壁导洞法施工综合经济指标分析。

双侧壁导洞法施工综合经济指标见表6-4。

综合成本分析表　　　　　　　　　　　　　　　　表6-4

序号	项目	工程数量（m³）	单价（元）	总价（元）	备注
1	人工费	11100.4	615.6	6833406	
2	材料费	11100.4	300.83	3339376	不含混凝土实体材料
3	机械费	11100.4	36.16	401374	
4	施工成本	11100.4	952.59	10574156	

6.2 中洞法施工技术

6.2.1 施工工艺原理

中洞法是将开挖断面横向分成左、中、右三部分，各部分竖向再分为小块进行开挖，分块洞室形成封闭结构，确保开挖安全的一种施工工法。

施工时先从上往下分层开挖中洞土体，形成中洞初期支护和临时支护结构，初期支护和中洞内施作的永久衬砌结构形成中部稳定支撑体系；然后对称开挖左、右边洞部分,同样从上往下两侧对称分块开挖,分块洞室封闭成环;之后在侧洞内从下往上分层、分段施作永久衬砌结构,最后形成大跨单拱单柱双层暗挖地铁车站整体稳定结构。

6.2.2 适用范围

1. 特点

(1)施工效率较高:地铁车站中洞法开挖,通过在同一时间内进行多个洞眼的开挖操作,以提高施工效率。相比于其他开挖方法,中洞法能够在较短的时间内实现大量的开挖工作。

(2)空间利用率高:地铁车站中洞法开挖通常采用纵横交错的洞眼布置,以最大限度地利用可用空间。这种布置方式有助于实现车站地下空间的高效利用,同时减少对周围建筑的影响。

(3)施工风险控制能力强:在地铁车站中洞法开挖过程中,可以采取严格的安全措施并监测地下水位、地面沉降等变化。根据监测数据和实际情况,及时调整开挖方案,确保施工过程的安全性和稳定性。

(4)适应性较强:地铁车站中洞法开挖可以适应不同地质条件下的施工。无论是软土、砂岩、花岗岩或其他地质类型,中洞法都有较好的适应性。根据地质情况,可以选择合适的开挖参数和支护措施,确保开挖工作的顺利进行。

(5)环境影响小:相对于其他开挖方法,中洞法的振动和噪声对周围环境的影响较小。采取合理的施工设计和施工管理措施,可以降低地铁车站开挖对周围环境的影响,减少施工对周边居民和建筑物的扰动。

2. 适用范围

中洞法适用于土质地层较好的大断面单柱双层结构浅埋暗挖地铁车站。开挖施工不允许带水作业,可采取降水措施确保无水施工;要求开挖面具有一定的自立性,在工作面土体的自立时间内,应进行必要的初期支护作业,在开挖面前方对地层进行预加固和预处理,加强开挖面的稳定性,增加施工安全性。

6.2.3 施工工艺流程

中洞法施工工艺流程如图6-12所示。

中洞法施工分区划分如图6-13所示。

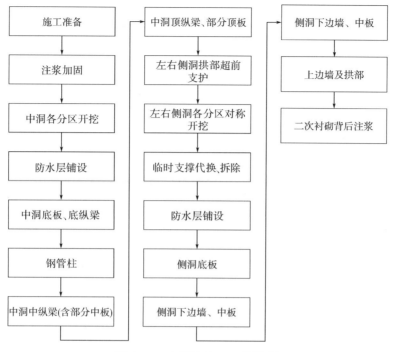

图 6-12 中洞法施工工艺流程

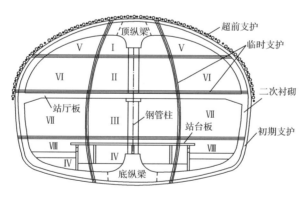

图 6-13 中洞法施工分区划分

6.2.4 施工要点

1. 地层探测控制要点

采取雷达探测地层内管线，提前制定地下管线处理方案、保护措施。探测地层暗挖车站对应地层内含水、空洞、地下管线、地质情况等资料，为开挖施工采取措施、优化施工方案提供基础信息。

2. 开挖工序要点

根据施工设计，采用相应的开挖方式进行地下洞室的挖掘。在开挖过程中，需要严格控制土体的稳定性，采取支护措施，如喷射混凝土衬砌、锚杆加固等。开挖过程中，要严格控制土体的稳定性，避免土体塌方。采取合适的支撑措施，如钢支撑或混凝土加固，确保开挖面的稳定。

3. 结合部施工控制要点

车站两端为结合部，是连接车站、风道、区间的交叉口群洞特殊结构。结合部结构瘦高，顶部高于车站顶部，底部低于车站仰拱；采用交叉中隔工法将大断面分为多个小洞室分块开挖，小洞室形成封闭结构；为车站开挖施工破口创造安全作业空间。

4. 车站开挖控制要点

1）超前支护及注浆

车站主体开挖断面大，超前支护可采用超前长管棚、大管棚或超前小导管；长管棚或小导管应根据地层特点注水泥浆、水泥水玻璃等浆液。

2）车站破口施工

车站破口部为临空面，土体容易坍塌，进洞前先在破口部范围内对车站中洞对应位置设加强门框进行加固。同时，为避免对土体的过度扰动，车站破口部 5m 范围内各分区洞室内部开挖采用 CRD 工法，分为小洞开挖。

3）车站分块开挖

车站分块开挖上、下层纵向间隔长度宜控制在 12～20m，防止由于台阶过长或过短导致地层及初期支护结构变形过大。各洞室内部采用微台阶法开挖，上台阶高 2m，台阶长度 2～3m，台阶坡面坡度 1∶0.3；开挖施工过程中分区洞室必须及时封闭成环，保证洞室稳定。暗挖地铁车站开挖施工遵循"管超前、严注浆、短开挖、强支护、早封闭、勤量测"的原则。车站分块洞室开挖时，在掌子面采取钻孔探测开挖前方地层，每个洞室内设 3 个探测孔；分析钻孔钻屑，观察是否渗漏，为开挖制定措施提供基础资料。

5. 施工监测要点

中洞法施工可能会造成地下土体的沉降，因此，需要进行地面沉降监测。通过在施工附近设置监测点，安装沉降仪或使用全站仪等设备进行定期测量。

中洞法施工可能引起地下土体的位移，因此，需要进行地下位移监测。这可以通过使用倾角仪、位移计等设备,将其安装在洞壁附近的监测点上,定期测量位移值。

在施工期间,需要监测地铁车站结构体的变形情况,以确保结构的安全性。这可以通过安装应变计、倾斜仪等设备,进行定期的结构变形监测。

6.2.5 综合经济指标分析

以长沙地铁 6 号线烈士公园站实测数据进行施工成本指标分析。项目经理部与施工队伍签订的是劳务分包合同,按设计方量进行结算。材料费为中洞法施工过程全部投入的材料数量进行摊销计算,但不包括混凝土及钢筋的原材料数量。机械费为中洞法施工过程中使用到的机械设备进行摊销计算,主要包括汽车起重机、履带式起重机、混凝土地泵。

长沙地铁 6 号线烈士公园站实体混凝土工程量为 5500.3m³。

(1)人工费分析。

所需人工费见表 6-5。

人工费分析表　　　　　　　　　表 6-5

部位	项目	工程数量(m³)	综合单价(元)	合价(元)	成本单价(元)	备注
长沙地铁 6 号线烈士公园站	劳务分包	5500.3	855	9490842	855	

(2)材料费分析。

所需材料费见表 6-6。

材料费分析表　　　　　　　　　表 6-6

序号	项目	数量	单价(元)	残值(元)	合价(元)	成本单价(元)	备注
1	液压台车(t)	185	8654.55	0	1601092	291.09	台车尺寸特殊无法周转
2	盘扣脚手架(m³)	9485	35.00		331975	60.35	
3	临时支护	255	3600		918000	166.89	
4	附属材料	1	300000	0	300000	54.54	
	合计			40	3151066	572.89	
	合计(不摊销)			0	3151066	572.89	

中洞法拱墙采用液压台车进行浇筑,由于断面面积大,尺寸特殊,液压台车为特别定制,后期无法重复利用;洞内站台板及中板、顶部、轨顶风道均采用常规满堂架进行施工。

材料费的综合成本单价为 572.89 元/m³。

(3)机械费分析。

所需机械费见表6-7。

机械费分析表 表6-7

序号	设备名称	设备型号	租赁单价(元)	使用时间(月)	合价(元)	成本单价(元)	备注
1	汽车起重机	30T	35000	5	155000	31.81	
2	履带式起重机	50T	65000	5	325000	59.08	
3	破碎锤		45000	5	225000	40.9	
4	混凝土地泵费用(46m)		25000	5	125000	22.72	
合计						154.53	

注:设备进出场费、驾驶人员工资、燃油费包含在租赁单价中。

(4)中洞法施工综合经济指标分析。

中洞法施工综合经济指标见表6-8。

综合成本分析表 表6-8

序号	项目	工程数量(m³)	单价(元)	总价(元)	备注
1	人工费	5500.3	855	4702756	
2	材料费	5500.3	572.89	3151066	不含混凝土实体材料
3	机械费	5500.3	154.53	849961	
4	施工成本	5500.3	1582.42	8703784	

6.3 洞桩法施工技术

6.3.1 施工工艺原理

"PBA"洞桩法的原理是将传统的地面框架结构施工方法(即在地面先做基坑围护桩,然后从上向下进行基坑土方开挖,必要时加撑防止基坑变形,开挖到底后从下向上施工框架结构)和暗挖法进行有机结合,即在地面上不具备基坑围护结构施工条件时,改在地下提前暗挖好的导洞内施作围护边桩、桩顶纵梁、顶拱共同构成桩、梁、拱(PBA 即为桩 Pile、梁 Beam、拱 Arc 三个英文字母的简称)支撑体系,承受施工过程的外部荷载,然后在顶拱和边桩的保护下,逐层向下开挖土体,施工内部结构,最终形成由外层边桩、顶拱初期支护和内层二次衬砌组合而成的永久结构体系。PBA 洞桩法施工车站断面示意及效果如图 6-14、图 6-15 所示。

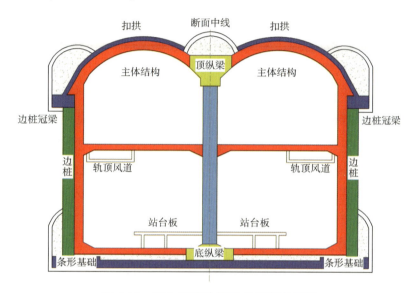

图 6-14　PBA 洞桩法施工车站断面示意

图 6-15　PBA 洞桩法施工车站断面效果

6.3.2　特点及适用范围

1. 特点

(1)由于采用暗挖法施工,对地面和周边环境影响较小,适用于受环境条件限制无法进行明挖施工的地下结构工程。

(2) 在水位线以上地层中开设的导洞内施工钻孔桩,利用其"排桩效应"对两侧土体的支挡作用,可减少因流沙、地下水带来的施工安全隐患。

(3) 以桩作支护,上部二次衬砌结构施工较早,且二次衬砌结构支承在两侧围护桩结构上,加强了对初期支护的支撑作用,减短了上部初期支护暴露时间,可大大减小地面沉降,避免了中洞法、中隔壁法、交叉中隔壁法、双侧壁导坑法多次开挖引起地面沉降量过大的缺陷和对初期支护的刚度弱化。

(4) 与其他大跨度暗挖工艺(如中洞法、交叉中隔壁法等)相比,临时工程量相对较少,结构受力条件也好,相对经济合理。

(5) 对结构层数限制少,适用范围较广,所引起的地面沉降变形相对较小,对保护暗挖结构附近的地下构筑物和周边建筑物的安全有利,特别适合桩基距高层建筑物很近的地下工程施工,边桩本身可起到隔离桩的作用,从而达到保护建(构)筑物的目的。

(6) 在桩、梁、拱承载体系形成后,有较大的施工空间,便于机械化作业,从而加快进度。

(7) 站厅板结构采用地模施工,可以大量减少模板及支撑投入,极大地减少工作量并节约材料。

(8) 将大跨度结构分割为小断面的洞室,导致工序转换复杂,各个工序的衔接和组织要求较高,工期较长,结构施工缝较多,防水及施工缝处理要求高。

2. 适用范围

洞桩法适用于周边环境复杂,地面交通难以导改,周边建筑物及管线密集,拆迁改移代价大,无法采用明挖法施工的受地面、地下建筑物影响大,地表沉降控制要求高的大跨度地下暗挖工程。

6.3.3 施工工艺流程

洞桩法施工工艺流程如图 6-16 所示。洞桩法施工分为洞桩逆作法和洞桩顺作法施工。

6.3.4 施工要点

1. 施工准备

(1) 施工方法的选择应根据地质、水文地质、结构尺寸、施工技术装备等因素综合分析,经技术经济比较确定。

(2)竖井及通道结构尺寸应满足施工工期、施工方法、施工机械设备、施工通风、施工排水的需要。当竖井(斜井)作为永久结构时,其尺寸尚应满足设计要求。

(3)施工前应尽早完成洞口的截水、排水系统、防冲刷设施及洞门施作。

(4)施工前应对周边环境、地下管线及建筑物等进行调查,并形成调查报告。

(5)完成测量及监控量测的准备工作。

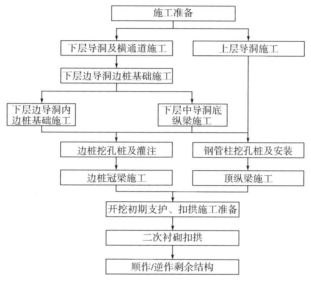

图 6-16 洞桩法施工工艺流程

2. 竖(斜)井及横通道施工

(1)开挖前应进行管沟探挖,确保无管线后进行施工。

(2)开挖时需按照设计尺寸定出开挖轮廓线,严禁欠挖,同时精确预埋(留)提升架地脚螺栓、竖井步梯、护栏基础、风水电管线等预埋件。

(3)根据地勘报告,详细绘制井身地质断面图,每层开挖后及时施打锚杆、格栅钢架、挂网喷射混凝土支护。

(4)开挖过程中,应随时钻渣取样,核实地质情况;如发现地质情况与设计地质柱状图不符时,应及时上报业主、设计单位进行补勘,变更设计。

(5)横通道进洞应按设计要求进行加固处理。

(6)施工过程中应遵循"强支护、快成环、早封闭"的原则。开挖时严格控制循环进尺、严禁超挖;通道上、下台阶距离严格按照设计要求留置;提高支护速度,缩短土体暴露时间;严格控制喷射混凝土配合比,保证初期支护混凝土强度。斜井、竖井的边仰坡开挖不应采用大开挖、大爆破,开挖坡面应及时进行防护,坡面有危石时应进行清除或防护。

(7)通风应满足各施工作业面需要的最大风量,风量按每人每分钟供应新鲜空气 3m 计算,风速为 0.12~0.25m/s。

(8)凿岩必须湿作业,装渣、放炮后必须喷雾洒水净化粉尘,喷射混凝土时必须采取防尘措施并定期测定粉尘和有害气体的浓度。

(9)开挖过程中在井(洞)内设排水沟和集水井,用泥浆泵及时将地下渗水排出井(洞)外,防止坑内积水。

(10)根据监控量测信息,待支护结构沉降、收敛稳定后方可进行马头门施工。

3. 导洞施工

1)导洞断面确定

导洞主要功能是为钻孔桩提供作业空间。

(1)导洞断面形状。

鉴于门洞形断面空间利用率高,地面平整利于场地布置,因此,导洞断面形状一般选取门洞形。

导洞断面高度分为标准断面与交叉口加高断面。标准断面尺寸由钻孔桩施工所需的空间确定,交叉口加高断面考虑洞室侧向开口与结构施工的要求。

(2)标准断面导洞尺寸。

确定导洞高度首先保证钻机顺利钻进,并分析钻机高度能否改进优化,结合钢筋笼及钢管柱吊装作业的高度要求进行调整。导洞宽度按洞内钻孔桩作业时场地布置确定。

确定交叉口部位导洞高度分别按侧向开口要求与结构加强环设置要求计算。

2)导洞施工

(1)施工中必须严格遵循"管超前、严注浆、短进尺、强支护、快封闭、勤量测"的原则,导洞施工顺序为先施工下导洞再施工上导洞,先施工边导洞再施工中导洞,上下导洞、左右导洞控制步距 8~10m,避免群洞效应,下层导洞横通道在导洞超前 20m 后方可进行开挖施工。

(2)导洞施工主要步骤为:超前支护小导管及注浆;开挖,进尺一榀钢架间距;初喷混凝土,挂钢筋网,架立钢架,喷射混凝土;初期支护背后注浆。导洞施工需确定合理的开挖顺序,先施作靠近建筑物侧导洞,超前另一侧导洞不小于 2.5 倍洞宽。

(3)洞内台阶长度以 4.5~5m 为宜,不可过长或过短,以免影响开挖安全,导致地面沉降,坚持先护后挖的原则,加强初期支护,尽早封闭成环,控制导洞的沉降和变形。

(4)导洞马头门洞口格栅采用格栅连立、增加小导管、打设超前管棚、注浆加固等措施进行洞口加强。

（5）导洞马头门钢筋混凝土破除时，相应位置的横通道临时仰拱与侧墙连接的节点将受到破坏，因此，应提前对临时仰拱采取换撑措施。

（6）导洞施工时需确保格栅连接板拱脚支垫密实，及时打设锁脚锚杆（管）、进行初期支护背后注浆，控制沉降。

（7）边导洞开挖初期支护完毕后，可进行边导洞基础梁施工。基础梁由导洞内向外分段施工，施工缝利用车站变形缝，以保证基础梁的连续性。

（8）基础梁施工时需严格控制边桩、钢立柱等预埋件、预埋筋精度，同时做好板、墙连接钢筋接驳器的保护。

4. 边桩施工

（1）边桩施工与导洞开挖方向反向进行，即从洞内往洞口方向施工，采取跳桩法，每隔两根桩施工一根，以保证相邻桩孔施工的质量及顺利进行。边桩施工两边导洞可平行施工。

（2）导洞空间狭小，根据洞内作业空间和地质情况定制或改进钻机，提高成孔效率和质量，一般选用的改型钻机有：GSD-50 改型大口径液压钻机成孔（$\phi 800mm$），XQZ-100 型泵吸反循环机械钻机成孔（$\phi 800mm$），GPS-Ⅱ型泵吸反循环机械钻机成孔（$\phi 1000mm$）。无法采用机械成孔时，方可采用人工挖孔方式成孔。

（3）为防止孔桩侵入主体结构断面，边桩需要有一定的外放距离，要结合规范要求以及自身经验，合理设置边桩外放距离。

（4）确定合理的钻桩顺序，控制好水下混凝土施工。由于桩间距小，为防止对临近已成孔的扰动，采用改型钻机由内向外的顺序跳孔（如跳三钻一）施工钻孔桩。

（5）成孔后，钻头提离孔底 100～200mm，保持慢速空转，维持循环清孔时间不少于30min。采用性能较好的泥浆，控制泥浆的相对密度和黏度，严禁用清水进行置换。

（6）钢筋笼分节吊装，现场连接；吊放时，使钢筋笼的中心与桩中心保持一致，垂直、轻放、慢放，避免碰撞孔壁。达到设计高程后固定吊杆，防止下沉或浇筑混凝土时上浮。加快对接钢筋笼速度，减少空孔时间，从而减少沉渣。

（7）针对拆除钻杆与吊装钢筋笼时间长，易造成坍孔、沉渣、厚度控制难的问题，采用泵吸清孔和压举翻起沉渣的方法进行处理。

（8）首批混凝土浇筑量应保证导管底口埋入混凝土中不小于 1.0m，浇筑过程中混凝土面应高于导管下口 2.0m，每次拆除导管前其下端被埋入深度不大于 6.0m。浇筑要连续,防止断桩。

(9)加强对各操作环节协调指挥,避免因泵送距离长、施工工序转换频繁造成堵管。

5. 钢管柱施工

(1)钢管柱长度超过导洞高度,一般采用厂内分节加工、洞内拼装连接就位固定。

(2)钢管柱安装要控制好两个方面,一是钢管柱的水平位置,二是钢管柱的垂直度。钢管柱水平位置预埋钢板通过定位锚固螺杆控制,采用测量仪器定准钢管柱水平位置,通过焊接把预埋钢板固定在底梁钢筋上。钢管柱垂直度采用两个大力磁性垂球控制两个垂直方向。把两个5m长垂线的大力磁性垂球靠其自身吸铁石吸在钢管柱相互垂直的两面侧壁上,精测垂线与钢管柱的距离,采用两台小型挎顶不断调整钢管柱底端,使垂线上下端距钢管柱的距离相等,即钢管柱垂直于水平面。

(3)钢管柱吊装可在相应位置的小导洞顶部设置吊装挂钩,分节吊放钢管柱。可采用多功能套管调垂设备进行钢管柱安装就位,多功能套管调垂机如图6-17所示。

图6-17 多功能套管调垂机示意

(4)施工底纵梁时,确定钢管柱基础的中心位置,预埋钢管柱定位杆、调平基板。

(5)钢管分节吊装,各节之间采用高强螺栓连接,柱下端与底纵梁预留调平基板连接,上端用设在柱上的定位器定位。

(6)通过投点仪和激光测距仪确认钢管柱的垂直度,看柱基的中心和柱的中心是否重合,能否达到精度要求。

(7)采用导管灌注泵送混凝土,为确保钢管柱混凝土的密实,在混凝土中添加微膨胀剂,严格控制水灰比,并加强振捣加固。

6. 主拱开挖及支护

(1)遵循"管超前、严注浆、短开挖、强支护、快封闭、勤量测"及"先护后挖、及时支撑"的原则,少分部开挖、快封闭、早成环。

洞桩逆作法的挖土工序是施工的重要环节，在开挖土期间，上部结构和地面荷载全部由中柱、纵梁及周边的钻孔桩承担。由于逐层开挖受到结构层高限制，挖土采用小型挖掘机与人工结合。在两根钢管柱之间，采用机械拉槽挖土，两边采用人工配合开挖，发挥各自的优点。洞内运输采用无轨运输方式。土方开挖应注意：

①土方开挖采用竖向分层、纵向分段、逐段封闭的施工方法。

②开挖下一层土方时，应待上一层逆作梁板结构混凝土强度达到设计强度后方可进行。

③土方开挖时，严禁紧挨中间钢管柱单边开挖，应沿钢管柱四周平衡开挖，以减少土方对中间钢管柱的压力，避免产生不必要的变形。

④土方开挖要对称进行，即由中间向两侧开挖，以平衡土压力对墙体的压力。

⑤洞桩逆作法施工土方开挖期间，应全过程对基坑的围护体系、周围环境、地下结构本身进行监测，及时反馈信息，及时调整开挖方法、开挖速度和开挖方向，做到信息化施工。

（2）主拱上部在正式开挖前，须通过事先打设好的超前预灌浆的小导管进行主拱部地层结构的超前预注浆处理或预加固，开挖进尺控制在每循环1~3榀，根据掌子面围岩情况及时调整开挖进尺。开挖后及时架立拱格栅钢架，喷射混凝土封闭。

（3）若存在滞水，通过探孔排出；接近管线位置时，实施超前管线探测，采取小导管加密注浆、加密格栅钢架、设双层钢筋网、掌子面注浆等支护措施进行保护。

（4）拆除临时支撑时，应对相应部位加强监控量测。

（5）坚持信息化施工，根据信息反馈调整支护参数。当变形量和变形速率超过预警值时，立即采取应急预案，包括加强超前支护、初期支护、增设临时支撑、改变开挖步骤、修改施工方案等。

7. 防水施工

（1）防水基面应平整坚实，喷射混凝土面平整度应满足设计及相应规范要求，不得有钢筋、管件等尖锐突出物，无明水。

（2）防水层焊缝严禁虚焊、漏焊。环向铺设防水卷材时，防水卷材的搭接宽度长边不少于100mm，短边不少于150mm，相邻两幅接缝要错开，并错开结构转角处不少于60mm。

（3）沿隧道纵向的防水层铺设超前二次衬砌至少4m，以满足防水层施工空间，确保接长质量。

(4)二次衬砌钢筋绑扎、焊接后,检查防水板是否有刺穿的地方,有破损则及时补焊。

8. 钢筋施工

(1)为保证高质量的连接接头,加快施工进度,可根据钢筋的不同直径、不同部位采用搭接焊、机械连接和人工绑扎相结合的方式来施工。

(2)钢筋安装过程中需严格控制各导洞与扣拱连接部位钢筋接头精度,做好钢筋接头保护,确保钢筋接驳器成活率。

(3)侧墙位置按主筋连接接头要求局部挖深,一般多挖1m左右的深土,然后用砂回填,侧墙的竖向主筋向下插入砂坑槽内,满足下层侧墙竖向主筋焊接或机械连接尺寸要求。在施工下层侧墙时,其竖向主筋与上层预留插筋对齐,采用机械接头连接,使得上下层钢筋始终保持垂直。

9. 模板工程

(1)二次衬砌扣拱先施工中跨拱部二次衬砌,再施工边跨。采取纵向分段施工,每段12m左右。拱部衬砌模板支撑系统如下:定制曲面模板+型钢拱架龙骨+钢管脚手架。为防止混凝土灌注对顶纵梁形成偏压,在顶纵梁下部侧面提前预埋钢板,设置拉杆和加塞钢楔块。灌注口设在拱部,端头堵头板埋设回填注浆管兼作排气管。扣拱模板支架体系如图6-18所示。

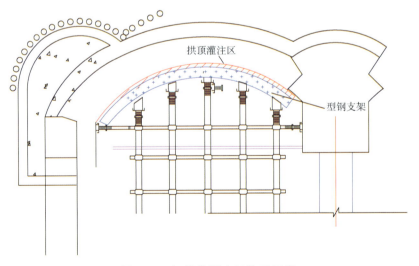

图6-18 扣拱模板支架体系示意

（2）中板及中纵梁采用土模，方法是先挖土至中板底下 12cm 左右，并控制挖土高程误差小于 2cm，整平压实后浇注 C15 混凝土垫层，在找平层上放线，按中纵梁的位置挖出梁的土模，靠土侧砌 12cm 厚砖墙抹面。中板地模施工示意如图 6-19 所示。

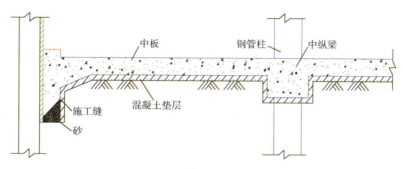

图 6-19　中板地模施工示意

（3）模板施工时，在模板上按竖向间距 1.5m、水平间距 3m 设灌注口，模板顶部设置喇叭口，略高于混凝土浇筑面，便于混凝土浇筑密实。对于逆筑法混凝土浇注形成的"反缝"，采取在接缝处加塑料注浆管，待混凝土浇注完成未终凝前注水泥浆填充；另外，待二次浇注混凝土达到设计强度后，利用已埋设注浆管，进行以环氧树脂为主要成分的高压注浆，使上下混凝土黏结成整体。侧墙模板支撑体系如图 6-20 所示。

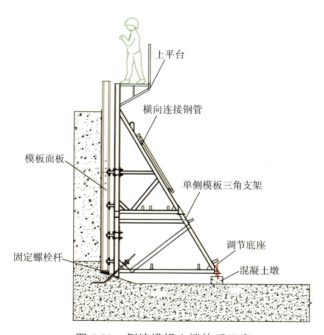

图 6-20　侧墙模板支撑体系示意

10. 结构混凝土施工

（1）二次衬砌采用搅拌运输车运送，严格控制其坍落度以确保质量。当运输距离远或产生交通堵塞而引起出厂时间过长时，要提前预计，严禁向出厂时间长的商品混凝土掺加任何掺料，以确保质量。

（2）模板要架立牢固，尤其是挡头板，不能出现跑模现象，板缝严密，避免出现水泥浆漏失现象，且做到表面规则平整。

（3）防水混凝土泵送入模时，要控制自由倾斜高度不大于2.0m，同时控制入模温度，防止温度应力引起的开裂。

（4）逆作法浇筑侧墙时，墙顶50cm混凝土采用微膨胀混凝土，确保水平施工缝浇筑密实，抵抗混凝土收缩沉陷变形。

（5）防水混凝土振捣加固一般采用附着式和插入式两种振捣加固方法，每点振捣时间为10~30s。

（6）防水混凝土灌注完毕，待终凝后及时养护，结构养护时间不少于14d，以防止在硬化期间产生开裂。养生采用喷水养生法，保持混凝土表面湿润。

6.3.5 经济指标分析

洞桩法施工，隧道施工分包单价参照暗挖法单价，围护结构参照人工挖孔桩单价，主体结构参照盖挖法单价，此处不再赘述。

6.4 特殊工况暗挖法

6.4.1 盾构隧道扩挖车站建造技术

1. 施工工艺原理

当前主流的地铁建造筹划，一般是先车站后盾构区间，车站主要采用明（盖）挖法和矿山法施工，盾构始发、接收一般在明挖车站，矿山法车站一般空推过站。当车站站位、外部条件不具备施工条件时，区间盾构施工也相应被延误，无法开展施工。为了摆脱这种瓶颈束缚，充分发挥盾构地下施工的优势，延长盾构一次推进距离，这种先施工盾构隧道，再借助盾构隧道扩挖地铁车站的"先盾构隧道后扩挖车站工法"应运而生，并为既有线加站提供借鉴。

2. 特点及适用范围

1）特点

（1）新颖性：盾构隧道扩挖车站是对传统地铁建设方案和施工方法的创新，是传统盾构工法和矿山法进行优势互补后的集成创新技术。

（2）适用性：为解决连续的多车站盾构区间，且中间车站不具备开工条件的地铁施工难题，提供了解决方法，具有很强的针对性和适应性。

（3）应用难度与实施风险分析：本工法借助大直径盾构隧道施工技术，先施工隧道，待盾构隧道完成后，确定车站位置，拆除相应盾构管片，扩挖成地铁车站。但管片重量大，拆除有较高技术难度，有一定实施风险。

2）适用范围

车站不具备施工条件，先期盾构施工完毕，后续车站施工需借助盾构隧道扩挖车站的情况；既有线需要增加车站的情况，也可以参考借鉴。

区间采用大直径盾构隧道，车站采用大盾构隧道扩挖的工程可以使用本工法；常规双线盾构隧道，可以参考借鉴。

3. 施工工艺流程

技术核心是采用 PBA 工法扩挖大直径盾构隧道建造地铁车站，盾构隧道扩挖地铁车站施工工序如图 6-21 所示。

4. 施工要点

（1）施工准备阶段，做好周边环境调查，做好充分的应用难度与实施风险分析。本工法施工难度高、施工风险高，需严格论证可操作性。

（2）以车站端头风道为施工通道，在盾构隧道内施工车站底纵梁、中隔墙和顶纵梁，开挖两侧小导洞。由于施工通道狭小，材料、机械设备、土方开挖及运输是难点，做好总体筹划，有序推进。

（3）注浆加固拱顶土体，对称开挖中导洞，施工中导洞顶拱初期支护。注重注浆加固质量，进行质量检测，确保加固效果。

（4）沿隧道纵向分段拆除 K 管片两侧小块，凿除小导洞局部初期支护，留出二次衬砌施工空间。

(5）盾构隧道施工完成后，确定车站位置，拆除相应盾构管片，扩挖成地铁车站。管片重量大，拆除难度大、安全风险高。因此，需编制专项安全方案，组织专家评审通过后再实施。

图 6-21　盾构隧道扩挖地铁车站施工工序

6.4.2　管幕预筑法车站建造技术

1. 施工工艺原理

为了保证施工安全，减少对地面活动、周围建（构）筑物及地下管线的影响，在地理位置特殊、周边重要建（构）筑物密集、地下管网错综复杂，以及地质条件极为复杂的区域采用管幕预筑法施工。管幕预筑法是在拟建地下工程设定的轮廓位置顶进密排大直径钢管群，管间连通后在钢管内和管间预先构筑钢筋混凝土永久结构，并在其保护下开挖土方、施工内部结构,最终形成地下空间的一种建造方法。管幕预筑法结构一般为矩形或拱形。

2. 特点及适用范围

1)特点

(1)本工法适合在特殊地层中的暗挖法施工,特别是在富水淤泥质土及砂质土层中,该工法结合管周注浆,能形成较好的防水封闭环,避免大范围降水对周边建筑物的影响。

(2)本工法先完成大部分结构主体,之后进行主体内的土方开挖,可以有效地控制地面沉降,开辟了一种新的设计理念,为今后在穿越既有铁路、地铁及其他构筑物方面提供了一种新的思路。

2)适用范围

管幕预筑法适用于钢管顶进范围内无地下障碍物或地下障碍物可以迁改、拆除的一般土层及全风化岩层中的地下工程建设,除了适用于建造地铁车站外,还可以应用于地下广场、地下通道等地下空间的施工。

在沈阳地铁 2 号线新乐遗址站工程中,管幕预筑法得到了成功运用。该车站为地下二层岛式车站,车站主体结构形式为单拱钢筋混凝土结构,总长 179.8m,标准段宽度 26.2m,高度 18.9m。本工法的运用,保证了既有管线及周边建(构)筑物安全,又未对地面环境造成影响。

3. 施工工艺流程

管幕预筑法建造地下空间综合技术包括超深新型工作竖井支护施工技术、大直径钢管长距离顶进施工技术、管幕结构施工技术、实时监测及沉降控制技术、管幕预筑法辅助施工技术。其中,大直径钢管长距离顶进施工技术是管幕预筑法的核心内容,是管幕预筑法得以顺利实施的关键环节。通常采用 DN1800mm 以上的大直径钢管顶进形成管幕,将管幕钢管横向贯通连接成一体,并在钢管内施作钢筋混凝土,作为结构的一部分。管幕预筑法施工流程如图 6-22 所示。

4. 施工要点

(1)顶管施工。在风道内设置顶进后背和顶管支架,分段顶进大直径钢管,各管段之间采用焊接进行连接,顶进前段采用超前注浆技术固结地层,保证无水顶进和开挖作业。

(2)切管及支护施工。钢管顶进到位后,封闭钢管前端,并在各相邻钢管之间进行注浆,固结地层,保证后续工序的无水施工;割除各相邻钢管之间的管壁,焊接支护钢板及防水钢板,并在支护钢板与防水钢板之间设置钢支撑。

(3)管内全部或部分钢筋混凝土施工。在钢管内绑扎钢筋,然后浇筑混凝土,形成主体拱墙的永久结构。

(4)土方大开挖,同时施工剩余永久钢筋混凝土结构。分层开挖结构内的地层土体,开挖到预定高度,施工主体中板,并设置临时钢拉杆;开挖到底板底面高程时,处理结构底面防水,绑扎底板钢筋,并和边墙底部钢筋进行连接,浇筑底板混凝土;拆除结构内临时支撑,形成完整的风道永久结构。

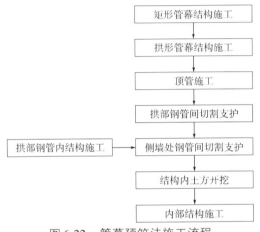

图 6-22 管幕预筑法施工流程

6.5 本章小结

(1)暗挖车站常用工法有双侧壁导坑法、中洞法、洞桩法,结合周边环境条件也可以选用交叉中隔壁法、管幕预筑法等。

(2)采用暗挖法进行地铁车站施工能将对地面交通和周边环境的影响降到最低程度。

(3)暗挖车站采用浅埋暗挖法进行设计施工,以改造地质条件为前提,以控制地表沉降为重点,以格栅(或型钢拱架)和喷锚作为初期支护手段。

(4)车站暗挖施工遵循"管超前、严注浆、短开挖、强支护、快封闭、勤量测"的原则,在施工过程中进行超前地质预报尤为重要。

(5)暗挖车站采用复合式衬砌结构,包含超前支护、初期支护、防水、二次衬砌等部分。超前支护有管棚、管幕、超前小导管等,初期支护是由锚杆、拱架、钢筋网片、喷射混凝土组成的联合支护体系,是复合衬砌的主要承载结构。

(6)双侧壁导坑法把车站分成左、中、右3个小断面施工,先施工两侧导洞,后施工中间导洞。虽然开挖断面分块多、扰动大、初期支护全断面闭合的时间长,但每个分块都是在开挖后立即自闭合的,所以在施工中变形几乎不发展,在大跨度暗挖车站施工时,采用双侧壁导坑法能够控制地表下沉,保持掌子面的稳定。

(7)中洞法把车站分成左、中、右3个小断面施工,先施工中间导洞,后施工两侧导洞,适用于土质地层大断面单柱双层结构浅埋暗挖地铁车站。在中洞内施作的永久衬砌结构形成中部稳定支撑体系,是承受围岩荷载的主要部分。

(8)PBA洞桩法是在地下提前暗挖好导洞,然后在导洞内施作围护边桩、桩顶纵梁、顶拱共同构成桩、梁、拱支撑体系,承受施工过程的外部荷载;之后在顶拱和边桩的保护下,逐层向下开挖土体,施工内部结构,最终形成由外层边桩及顶拱初期支护和内层二次衬砌组合而成的永久结构体系。

(9)盾构隧道扩挖车站、管幕预筑法是根据车站所处地面及地下环境及施工工况结合各种暗挖施工工艺所优化设计选择的特殊施工工法。

(10)由于车站暗挖洞室较多,各洞室施工作业面狭小,施工过程中根据作业面空间以及各洞室施工工序、支护体系情况合理选择施工机械设备尤为重要。

(11)在施工过程中应用监控量测技术,及时反馈支护信息情况,及时优化设计,动态调整施工参数,信息化指导施工是暗挖法成功的重要手段。

CHAPTER SEVEN 第7章

监控量测技术

7.1 施工监测项目

7.1.1 工程影响分区及监测等级划分

1. 基坑工程影响分区

(1)城市地铁基坑工程影响分区根据基坑施工对周围岩土体扰动和周边环境影响的程度及范围划分,可分为主要、次要和可能等三个工程影响分区,详见表7-1。

基坑工程影响分区　　　　表7-1

基坑工程影响区	范围
主要影响区(Ⅰ)	基坑周边 $0.7H$ 或 $H \cdot \tan(45° - \theta/2)$ 范围内
次要影响区(Ⅱ)	基坑周边 $0.7H \sim (2.0 \sim 3.0)H$ 或 $H \cdot \tan(45° - \theta/2) \sim (2.0 \sim 3.0)H$ 范围内
可能影响区(Ⅲ)	基坑周边 $(2.0 \sim 3.0)H$ 范围外

注:1. H-坑深(m),θ-岩土体内摩擦角(°)。
　　2. 基坑开挖范围内存在基岩时,H 可为覆盖土层和基岩强风化层厚度之和。
　　3. 工程影响分区的划分界线取表中 $0.7H$ 或 $H \cdot \tan(45° - \theta/2)$ 的较大值。

(2)当遇到下列情况时,应调整工程影响分区界线:

①基坑周边土体以淤泥、淤泥质土或其他高压缩性土为主时,应增大工程主要影响区和次要影响区;

②采用施工降水措施时,应根据降水影响范围和预计的地面沉降大小调整工程影响分区界线;

③施工期间出现严重的涌砂、涌土或管涌以及较严重渗漏水、支护结构过大变形、周边建(构)筑物或地下管线严重变形等异常情况时,宜根据工程实际情况增大工程主要影响区和次要影响区。

2. 监测等级划分

基坑监测等级根据基坑工程的自身风险等级、周边环境风险等级、地质条件复杂程度进行划分。

(1)基坑工程的自身风险根据支护结构发生变形或破坏、土体失稳等的可能性和后果的严重程度,采用工程风险评估的方法确定等级;也可根据基坑设计深度按表 7-2 划分。

基坑、隧道工程的自身风险等级　　　　　表 7-2

工程自身风险等级		等级划分标准
基坑工程	一级	设计深度大于或等于 20m 的基坑
	二级	设计深度大于或等于 10m 且小于 20m 的基坑
	三级	设计深度小于 10m 的基坑
隧道工程	一级	超浅埋隧道;超大断面隧道
	二级	浅埋隧道;近距离并行或交叉的隧道;大断面隧道
	三级	深埋隧道;一般断面隧道

注:1. 超大断面隧道是指断面尺寸大于 100m^2 的隧道,大断面隧道是指断面尺寸在 50~100m^2 的隧道;一般断面隧道是指断面尺寸在 10~50m^2 的隧道。
　2. 近距离隧道是指两隧道间距在一倍开挖宽度(或直径)范围以内。
　3. 隧道深埋、浅埋和超浅埋的划分根据施工工法、围岩等级、隧道覆土厚度与开挖宽度(或直径),结合当地经验综合确定。

(2)基坑工程的周边环境风险等级根据周边环境发生变形或破坏的可能性和后果的严重程度,采用工程风险评估的方法确定;也可根据周边环境的类型、重要性、与工程的空间位置关系和对工程的危害性按表 7-3 划分。

周边环境风险等级　　　　　表 7-3

周边环境风险等级	等级划分标准
一级	主要影响区内存在既有轨道交通设施、重要建(构)筑物、重要桥梁与隧道、河流或湖泊
二级	主要影响区内存在一般建(构)筑物、一般桥梁与隧道高速公路或重要地下管线;次要影响区内存在既有轨道交通设施、重要建(构)筑物、重要桥梁与隧道、河流或湖泊;隧道工程上穿既有轨道交通设施
三级	主要影响区内存在重要城市道路,一般地下管线或一般市政设施;次要影响区内存在一般建(构)筑物、一般桥梁与隧道高速公路或重要地下管线
四级	次要影响区内存在重要城市道路,一般地下管线或一般市政设施

(3)地质条件复杂程度可根据场地地形地貌、工程地质条件和水文地质条件按表 7-4 划分。

地质条件复杂程度　　　　　　　　　　　　　　　　　　　　表 7-4

地质条件复杂程度	等级划分标准
复杂	地形地貌复杂;不良地质作用强烈发育;特殊性岩土需要专门处理,地基、围岩和边坡的岩土性质较差;地下水对工程的影响较大,需要进行专门研究和治理
中等	地形地貌较复杂;不良地质作用一般发育;特殊性岩土不需要专门处理;地基、围岩和边坡的岩土性质一般;地下水对工程的影响较小
简单	地形地貌简单;不良地质作用不发育;地基、围岩和边坡的岩土性质较好;地下水对工程无影响

注:符合条件之一即为对应的地质条件复杂程度,从复杂开始,向中等、简单推定,以最先满足的为准。

（4）工程监测等级可按表 7-5 划分,并应根据当地经验,结合地质条件复杂程度进行调整。

工程监测等级　　　　　　　　　　　　　　　　　　　　表 7-5

工程自身风险等级	周边环境风险等级			
	一级	二级	三级	四级
	工程监测等级			
一级	一级	一级	一级	一级
二级	一级	二级	二级	二级
三级	一级	二级	三级	三级

7.1.2 监测项目

工程监测对象的选择应在满足工程支护结构安全和周边环境保护要求的条件下,针对不同的施工方法,根据支护结构设计方案、周围岩土体及周边环境条件综合确定。监测对象包括下列内容:

（1）明挖法和盖挖法基坑支护结构和周围岩土体监测项目应根据表 7-6 选择。

明挖法和盖挖法基坑支护结构和周围岩土体监测项目　　　　　　　表 7-6

序号	监测项目	工程监测等级		
		一级	二级	三级
1	支护桩(墙)、边坡顶部水平位移	√	√	√
2	支护桩(墙)、边坡顶部竖向位移	√	√	√
3	支护(墙)体水平位移	√	√	○

续上表

序号	监测项目	工程监测等级		
		一级	二级	三级
4	支护(墙)结构应力	○	○	○
5	立柱结构竖向位移	√	√	○
6	立柱结构水平位移	√	○	○
7	立柱结构应力	○	○	○
8	支撑轴力	√	√	√
9	顶板应力	○	○	○
10	锚杆拉力	√	√	√
11	土钉拉力	○	○	○
12	地表沉降	√	√	√
13	竖井井壁支护结构净空收敛	√	√	√
14	土体深层水平位移	○	○	○
15	土体分层竖向位移	○	○	○
16	坑底隆起(回)	○	○	○
17	支护(墙)侧向力	○	○	○
18	地下水位	√	√	√
19	孔隙水压力	○	○	○

注:"√"为应测项目,"○"为选测项目。

（2）矿山法隧道支护结构和周围岩土体监测项目应根据表7-7选择。

矿山法隧道支护结构和周围岩土体监测项目　　　　表7-7

序号	监测项目	工程监测等级		
		一级	二级	三级
1	初期支护结构拱顶沉降	√	√	√
2	初期支护结构底板竖向位移	√	○	○
3	初期支护结构净空收敛	√	√	√
4	隧道拱脚竖向位移	○	○	○
5	中柱结构竖向位移	√	√	√
6	中柱结构倾斜	○	○	○
7	中柱结构应力	○	○	○
8	初期支护结构、二次衬砌应力	○	○	○

续上表

序号	监测项目	工程监测等级		
		一级	二级	三级
9	地表沉降	√	√	√
10	土体深层水平位移	○	○	○
11	土体分层竖向位移	○	○	○
12	围岩压力	○	○	○
13	地下水位	○	○	○

注:"√"为应测项目,"○"为选测项目。

（3）周边环境监测项目应根据表7-8选择。当主要影响区存在高层、高耸建（构）筑物时,应进行倾斜监测。既有城市轨道交通高架线和地面线的监测项目可按照桥梁和既有铁路的监测项目选择。

周边环境监测项目　　　　　　　表7-8

监测对象	监测项目	工程影响分区	
		主要影响区	次要影响区
建(构)筑物	竖向位移	√	√
	水平位移	○	○
	倾斜	○	○
	裂缝	√	√
地下管线	竖向位移	√	√
	水平位移	√	○
	差异沉降	√	√
高速公路与城市道路	路面、路基竖向位移	√	○
	挡墙竖向位移	√	○
	挡墙倾斜	√	○
桥梁	墩台竖向位移	√	√
	墩台差异沉降	√	√
	墩柱倾斜	√	√
	梁板应力	○	○
	裂缝	√	√
既有城市轨道交通	隧道结构竖向位移	√	√
	隧道结构水平位移	√	○

续上表

监测对象	监测项目	工程影响分区	
		主要影响区	次要影响区
既有城市轨道交通	隧道结构净空收敛	○	○
	隧道结构变形缝差异沉降	√	√
	轨道结构(道床)竖向位移	√	√
	轨道静态几何形位 (轨距、轨向、高低、水平)	√	√
	隧道、轨道结构裂缝	√	○
既有铁路 (包括城市轨道 交通地面线)	路基竖向位移	√	√
	轨道静态几何形位 (轨距、轨向、高低、水平)	√	√

注:"√"为应测项目,"○"为选测项目。

(4)当工程周边存在既有轨道交通或对位移有特殊要求的建(构)筑物及设施时,监测项目应与有关管理部门或单位共同确定。

7.1.3 监测频率

(1)明挖法和盖挖法基坑工程施工中支护结构、周围岩土体和周边环境的监测频率可按表7-9确定。

明挖法和盖挖法基坑工程监测频率　　表7-9

施工情况		基坑设计深度(m)				
		≤5	5~10	10~15	15~20	>20
基坑开挖深度(m)	≤5	1次/d	1次/2d	1次/3d	1次/3d	1次/3d
	5~10	—	1次/1d	1次/2d	1次/2d	1次/2d
	10~15	—	—	1次/1d	1次/1d	1次/2d
	15~20	—	—	—	(1~2次)/1d	(1~2次)/1d
	>20	—	—	—	—	2次/1d

注:1. 基坑工程开挖前的监测频率应根据工程实际需要确定。
　　2. 底板浇筑后可根据监测数据变化情况调整监测频率。
　　3. 支撑结构拆除过程中及拆除完成后3d内监测频率应适当增加。

(2)矿山法隧道工程施工中隧道初期支护结构、周围岩土体和周边环境的监测频率按照表7-10确定。

矿山法隧道工程监测频率　　　　表7-10

监测部位	监测对象	开挖面至监测点或监测断面的距离	监测频率
开挖面前方	周围岩土体和周边环境	$2B < L \leqslant 5B$	1次/2d
		$L \leqslant 2B$	1次/1d
开挖面后方	初期支护结构周围岩土体和周边环境	$L \leqslant 1B$	(1~2次)/1d
		$1B < L \leqslant 2B$	1次/1d
		$2B < L \leqslant 5B$	1次/2d
		$L > 5B$	1次/(3~7d)

注:1. B-矿山法隧道或导洞开挖宽度(m);L-开挖面至监测点或监测断面的水平距离(m)。
　　2. 当拆除临时支撑时,应增大监测频率。
　　3. 监测数据趋于稳定后,监测频率宜为1次/(15~30d)。

（3）对于车站中柱竖向位移及结构应力的监测频率,土体开挖时宜为1次/1d,结构施工时宜为(1~2次)/7d。

（4）地下水位监测频率应根据水文地质条件复杂程度、施工工况、地下水对工程的影响程度以及地下水控制要求等进行确定,监测频率宜为1次/(1~2d)。

7.2　施工监测方法与要求

7.2.1　工作基点的埋设与保护

工作基点采用人工开挖的方式埋设,基点底部埋设深度到达一定的土层,基点标志采用加工成L形的钢筋置于混凝土基石中,基点顶部距离保护井盖顶部为50mm,井口高程保持与地面高程相同,如图7-1所示。

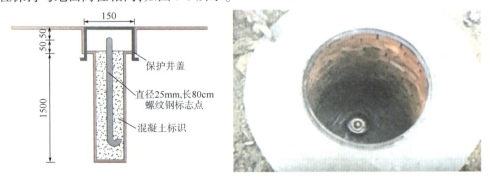

图7-1　工作基点埋设示意（尺寸单位:mm）

顶面设置钢盖,为测点设置显著的标识,并在施工期间加强保护,防止被破坏。

7.2.2 围护结构监测

1. 桩顶水平位移监测

监测点埋设在冠梁的顶部,在浇混凝土时预埋 15cm 长的 ϕ20mm 钢筋,钢筋头露出地面 15mm,钢筋头磨成半球状并刻"十"字,作为水平和垂直位移的观测点。桩顶水平位移控制点观测采用导线测量方法,监测点可采用极坐标法、使用全站仪观测。

2. 桩顶竖向位移监测

监测点与桩顶水平位移监测点共用。电子水准仪精度达到 0.3mm/km。按国家二等水准测量的技术要求,以基准点为起算点,采用附合或闭合水准路线,将各监测点纳入其中施测。每次观测时,必须按附合水准路线至少联测两个水准基点,以保证有必要的检核条件,减少测量误差的发生。基坑开挖前测 3 次稳定值,取平均值作为计算墙顶沉降监测的初始值。

3. 倾斜监测

1)测点埋设方法

测斜管采用与支护结构的钢筋笼绑扎埋设,测斜管与钢筋笼的固定应十分稳定,以防浇筑混凝土时,与钢筋笼脱落。埋设就位的测斜管应保证有一对凹槽与基坑边缘垂直。

2)观测方法及数据采集

监测仪器采用测斜仪以及配套聚氯乙烯(PVC)测斜管。

观测方法如下:

(1)模拟测头检查测斜管导槽。

(2)使测斜仪测读器处于工作状态,将测头导轮插入测斜管导槽内,缓慢地下放至管底,然后由管底自下而上沿导槽全长每隔 1m 读一次数据。测读完毕后,将测头旋转 180°插入同一对导槽内,以上述方法再测一次,如图 7-2 所示。

桩体变形观测的基准点一般设在测斜管的底部。当被测桩体产生变形时,测斜管轴线产生挠度,用测斜仪确定测斜管轴线各段的倾角,便可计算出桩体变形。

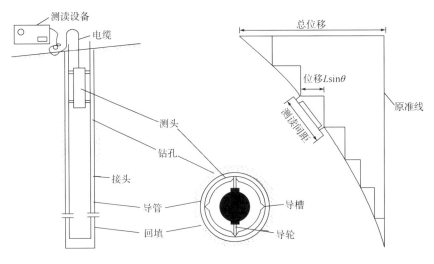

图 7-2 水平位移监测示意

7.2.3 结构应力监测

1. 钢筋混凝土支撑、顶板和立柱应力监测

钢筋计与钢筋的连接采取焊接的方法,把钢筋与钢筋计的两端分别焊接。焊接完成后,导线要分股标识清楚,并进行保护。采用振弦式频率读数仪进行读数,监测精度达到 1.0%FS。基坑开挖前,混凝土强度达到设计要求后,测试 3 次稳定值,取平均值作为计算应力变化的初始值。

2. 钢支撑应力监测

1) 轴力计的安装

(1) 采用专用的轴力架安装固定轴力计,安装架圆形钢桶上未开槽的一端面与钢支撑的牛腿(活络头)上的钢板电焊焊接牢固,电焊时中心轴线与安装中心对齐。

(2) 待焊接冷却后,将轴力计推入安装架圆形钢桶内,并固定在安装支架上。

(3) 钢支撑吊装到位后,既安装架的另一端与围护结构上的钢板对上,中间加一块 0.25m×0.25m×0.025m 的加强型钢垫板,以扩大轴力计受力面积。

(4) 将读数电缆接到基坑顶上的观测站;电缆统一编号,用白色胶布绑在电缆线上,作出标识,电缆每隔 2m 进行固定,外漏部分做好保护措施。

轴力计安装如图 7-3 所示。

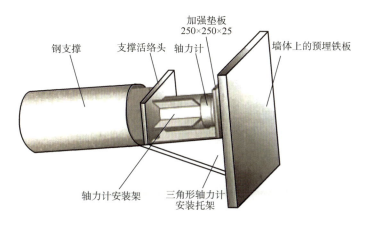

图 7-3 轴力计安装示意（尺寸单位：mm）

2）监测方法

（1）轴力计安装后，在施加钢支撑预应力前进行轴力计初始频率的测量，在施加钢支撑预应力时，应测量其频率，计算出其受力，并依据其结果修正计算公式。

（2）基坑开挖前应测试 3 次稳定值，取平均值作为计算应力变化的初始值。

（3）支撑轴力量测时，同一批支撑尽量在相同的时间或温度下量测，每次读数均应记录温度量测结果。

7.2.4 立柱隆沉监测

按设计要求在基坑中选取具有代表性的立柱，直接在立柱结构上焊接沉降观测点，对立柱隆沉的监测可选用电子水准仪或全站仪，监测方法与连续墙竖向位移的监测方法相同。

7.2.5 相邻环境监测

1. 建筑物沉降及倾斜监测

1）建筑物沉降监测

建筑物测点标志采用钻孔埋入，埋设形式示意如图 7-4 所示。

沉降监测各类测点埋设时应注意避开雨水管、窗台线、电器开关等有碍设标与观测的障碍物，并视立尺需要离开墙（柱）面和地面一定距离，高于室内地坪 0.2m。

水准网观测采用几何水准测量方法，可使用精度达到 0.3mm/km 的电子水准仪进行观测，围护结构施工前，测得稳定值作为计算建筑物沉降变化的初始值。

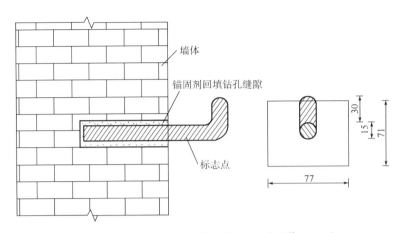

图 7-4 测点标志埋设形式示意（尺寸单位：mm）

2）建筑物倾斜监测

建筑物的倾斜度，利用基于全站仪反射片技术的高层建筑物倾斜测量。该方法是在被测建筑物所在场地上建立独立坐标系，使用全站仪反射片在建筑物待测面上布设监测点。

通过高精度全站仪直接观测建筑物上倾斜监测点三维坐标，获取建筑物主体监测点的 x 方向和 y 方向的倾斜位移值 Δ_x、Δ_y，继而计算总体倾斜位移 $\Delta_总$[式(7-1)]，以及建筑物的总体倾斜度 l[式(7-2)]，x 方向倾斜度 l_x[式(7-3)]和 y 方向倾斜度 l_y[式(7-4)]。

$$\Delta_总 = \sqrt{\Delta_x^2 + \Delta_y^2} \tag{7-1}$$

$$l = \frac{\Delta_总}{H} \cdot \frac{180°}{\pi} \tag{7-2}$$

$$l_x = \frac{\Delta_x}{H} \cdot \frac{180°}{\pi} \tag{7-3}$$

$$l_y = \frac{\Delta_y}{H} \cdot \frac{180°}{\pi} \tag{7-4}$$

以上各式中：Δ_x——测点处 x 方向位移（mm）；

Δ_y——测点处 y 方向位移（mm）；

$\Delta_总$——测点处 x、y 方面位移之和（mm）；

H——建筑物总高度（mm）；

l——建筑物总体倾斜度（°）。

监测中的注意事项：

（1）倾斜监测点布设时，应保证反射片长期固定，可使用射钉枪等固定设备，同时要保护好，避免反射片损坏或遗失。

（2）进行反射片贴置时，应保证倾斜监测上下两个反射片处于同一垂直线上。

（3）监测时要充分考虑时间、风力等因素，每期监测的时间应选择一天中相同的时间，以保证监测精度。

（4）监测规范中规定进行建筑物主体倾斜测量时，测点距离建筑物应在1.5~2倍建筑物高的范围内，因此，在实际工作中应在测量作业安全的情况下尽量缩短测点与被测建筑物间的距离，以获得更高的监测精度。

2. 建筑物裂缝观测

裂缝观测是测定建筑物上裂缝扩展情况的工作。建筑物结构产生裂缝时，为了解其现状和掌握其发展规律，应及时进行观测，以便根据这些资料分析裂缝产生的原因，对建筑物安全的影响，并及时采取有效措施加以处理。首先，应进行现场调查，了解现有裂缝的分布位置、裂缝走向、长度、宽度，对需要观测的裂缝进行拍照，并统一编号。裂缝宽度的观测使用放大镜，读数可读到0.1mm（也可使用裂缝综合检测仪检测）。同时记录量测结果和日期，绘出裂缝的位置、形态和尺寸，附必要的照片资料。在裂缝有显著发展时应增加观测次数。在基坑围护结构施工前，测得稳定值作为计算建筑物裂缝变化的初始值。两次裂缝宽度读数的差值即为裂缝宽度的变形值。观测结束后，提交裂缝分布位置图、裂缝观测成果表、观测成果分析和说明资料。

3. 地表沉降监测

基准点与建筑物沉降的基准点共用。为保护地表测点不受碾压影响，道路及沉降测点采用窨井测点形式，采用钻具成孔的方式进行埋设。地表测点埋设形式如图7-5所示。

图7-5 地表测点埋设实样图

道路、地表沉降观测采用几何水准测量方法,使用电子水准仪进行观测。基坑开挖前测 3 次稳定值,取平均值作为计算地表沉降变化的初始值。

7.2.6 地下管线沉降及差异沉降监测

1. 测点布置基本原则

(1)地下管线测点重点布设在带压管线,如煤气管线、给水管线、污水管线、大型的雨水管上。

(2)测点在临近基坑开挖位置和主测断面附近加密。

(3)测点尽量布置在管线的接头处,或者对施工沉降敏感的部位。

(4)无特殊要求测点一般布置在相应的管线井位置,也可布置在管线上方的对应地表。

(5)对于材质不良管线,不能布置管顶测点,测点布置在管底附近土层内;对于管线较为密集、平面间距较小的情况,对测点进行优化布设。

(6)在基坑四周距坑边 10m 的范围内有重要管线时,将道路和地表测点布设在控制标准更加严格的管线或其对应的地表。

(7)当存在多条重要管线位置较靠近时,测点应布设在变形控制要求较高的管线上或其对应的地表位置。

2. 观测方法及数据采集

地下管线沉降采用水准测量方法,对风险较大的重要管线应直接观测管顶沉降,对有管沟的应观测管沟结构顶沉降。

当管线监测的测点布置在管顶对应地表位置时,可参照图 7-6 埋设测点,从路面钻孔至路面 600mm 以下,成孔后在孔底浇注混凝土并植入钢筋,钢筋外套 PVC 管,并在 PVC 管与孔壁之间填充细沙,在孔顶设置小型观测井至地面,并在观测井顶部安装金属盖以避免测点破坏。

地下管线沉降监测采用几何水准测量方法,使用电子水准仪进行观测。围护结构施工前,测得稳定值作为计算地下管线沉降监测的初始值。

7.2.7 地下水监测

水位监测孔采用地质钻机在要监测的位置打设,上面加盖,防止雨水进入。

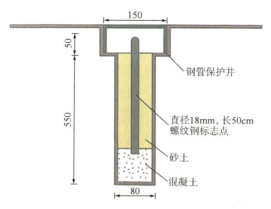

图 7-6　管线沉降监测点结构图（尺寸单位：mm）

地下水位监测可采用钢尺水位计,钢尺水位计的工作原理是在已埋设好的水管中缓慢向下放入水位计测头,当测头接触到水面时,启动讯响器,此时读取测量钢尺在管顶位置的读数。根据管顶高程、管顶与地面的高差,即可计算地下水位的高程和埋深。基坑降水前测 3 次稳定值,取平均值作为计算水位变化的初始值。

7.3　施工监测成果与预警管理

7.3.1　施工监测成果

施工监测成果资料应完整、清晰、签字齐全,监测成果应包括现场监测资料、计算分析资料、图表、曲线、文字报告等。监测成果提供的内容应真实、准确、完整。

现场监测资料宜包括外业观测记录、现场巡查记录、记事项目以及仪器、视频等资料。外业观测记录、现场巡查记录和记事项目应在现场直接记录在正式的监测记录表格中,监测记录表格中应有相应的工况描述。

取得现场监测资料后,应及时对监测资料进行整理、分析和校对,监测数据出现异常时,应分析原因,必要时应进行现场核对或复测。

对监测数据应及时计算累计变化值、变化速率,并绘制时程曲线,必要时绘制断面曲线图、等值线图等;应根据施工工况、地质条件和环境条件分析监测数据的变化原因和变化规律,预测其发展趋势。

监测报告可分为日报、警情快报、阶段性报告和总结报告。监测报告应采用文字、表格、图形、照片等形式,表达直观、明确。监测报告宜包括下列内容:

1. 日报

(1)工程施工概况;

(2)现场巡查信息:巡查照片、记录等;

(3)监测项目日报表:仪器型号、监测日期、观测时间、天气情况、监测项目的累计变化值、变化速率、控制值、监测点平面位置图等;

(4)监测数据、现场巡查信息的分析与说明;

(5)结论与建议。

2. 警情快报

(1)警情发生的时间、地点、情况描述、严重程度、施工工况等;

(2)现场巡查信息:巡查照片、记录等;

(3)监测数据图表:监测项目的累计变化值、变化速率、监测点平面位置图;

(4)警情原因初步分析;

(5)警情处理措施建议。

3. 阶段性报告

(1)工程概况及施工进度;

(2)现场巡查信息:巡查照片、记录等;

(3)监测数据图表:监测项目的累计变化值、变化速率、时程曲线、必要的断面曲线图、等值线图、监测点平面位置图等;

(4)监测数据、巡查信息的分析与说明;

(5)结论与建议。

4. 总结报告

(1)工程概况;

(2)监测目的、监测项目和监测依据;

(3)监测点布设;

(4)采用的仪器型号、规格和元器件标定资料;

(5)监测数据采集和观测方法;

(6)现场巡查信息:巡查照片、记录等;

(7)监测数据图表:监测值、累计变化值、变化速率、时程曲线、必要的断面曲线图、等值线图、监测点平面位置图等;

(8)监测数据、巡查信息的分析与说明;

(9)结论与建议。

7.3.2 监测预警管理

1. 监测预警

预警分为监测数据预警、巡视预警和综合预警。施工过程中监测(巡视)数据预警按严重程度由小到大分为3个等级:黄色预警、橙色预警、红色预警。监测(巡视)预警由参建各方风险监控平台填报预警信息发布,并根据预警等级由监理组织相关人员召开预警分析会,确定预警等级,由风险咨询单位通过风险监控平台发布预警及短信。

1)监测数据预警

监测数据预警根据变化速率和累计值双控指标划分预警等级,具体划分标准见表7-11。

监测数据预警分级标准　　　　　　表7-11

预警级别	预警状态描述	备注
黄色预警	变形监测的绝对值和速率双控指标均达到控制值的70%;或双控指标之一达到控制值的85%	
橙色预警	变形监测的绝对值和速率双控指标均达到控制值的85%;或双控指标之一达到控制值	
红色预警	变形监测的绝对值和速率双控指标均达到控制值	

注:1. 双控指标指变化速率和累计值。
  2. 比较特殊的监测项目,如支撑轴力监测,可根据监测实际情况进行适当调整,采用单控指标累计值。
  3. 如累计值超控制值并已消警之后,变形又持续发展,直接发布红色预警。

2)巡视预警

当出现下列情况之一时,必须立即进行危险报警,并对基坑支护结构和周边环境中的保护对象采取应急措施。根据监测管理办法要求,巡视预警按严重程度分为黄色预警、橙色预警、红色预警,详见表7-12。

巡视预警分级标准　　　　　　　　　表 7-12

巡视内容		巡视状况描述	安全状态评价			
			正常	黄色预警	橙色预警	红色预警
开挖面土质情况	土层性质及稳定性状况	支撑或围护结构周围出现土体塌落范围大,严重影响围护体系的稳定				★
		土体塌落范围较大,影响围护体系的稳定			★	
		其他部位,土体塌落范围较小,仅局部影响围护体系发挥,但不影响稳定		★		
		导致围护结构变形,引起土压力增大,土体自稳能力降低		★		
	开挖面土体渗漏水情况	大股涌水并带砂,或导致周边地面局部塌陷				★
		大股涌水,影响围护结构稳定,有恶化情形			★	
		小股涌水,引起围护结构较大变形,暂时稳定			★	
		小股涌水,未引起围护结构变形		★		
	地下水控制效果	抽水持续出砂,附近地面有明显沉陷			★	
		地下水位降不下去,施工安全性受到影响		★		
		降水系统能力不足		★		
支护结构体系	渗漏水情况	大股涌水并带砂,或导致周边地面局部塌陷				★
		大股涌水,影响围护结构稳定,有恶化情形			★	
		小股涌水,引起围护结构较大变形,暂时稳定			★	
		小股涌水,未引起围护结构变形		★		

续上表

巡视内容		巡视状况描述	安全状态评价			
			正常	黄色预警	橙色预警	红色预警
支护结构体系	支护体系开裂、变形情况	安全风险较高部位(如阳角、明暗挖结合等关键部位)支护与背后土体脱开,暂无扩大情形			★	
		其他部位支护与背后土体脱开,且有扩大情形		★		
		安全风险较高部位(如阳角、明暗挖结合等关键部位)支护与背后土体脱开,暂无扩大情形		★		
		支撑明显扭曲变形				★
		支撑目视可见变形、移位			★	
		开挖施工造成围护变形开裂,有扩大情形			★	
		开挖施工造成围护变形开裂,暂无扩大情形		★		
	支护体系施工质量缺陷	支撑装设、螺栓衔接、焊接或围檩、支撑补强不符合规定		★		
		安全风险较高部位(如阳角、明暗挖结合、地下连续墙接缝等关键部位)出现空洞、严重夹泥			★	
		其他部位出现空洞、严重夹泥		★		
	支护施作时间	支撑施作不及时		★		
	基坑开挖面暴露时间	开挖面暴露时间过长,局部土体出现剥落、开裂,支护产生较大变形			★	
		开挖面暴露时间过长,局部土体出现剥落、开裂		★		
		开挖面暴露时间过长,支护产生较大变形		★		

续上表

巡视内容		巡视状况描述	安全状态评价			
			正常	黄色预警	橙色预警	红色预警
支护结构体系	工序	工序不符合施工组织设计,引起土体、支护体系出现较大位移			★	
		工序不符合施工组织设计,影响工程和周边环境的安全性			★	
		工序不符合施工组织设计		★		
	超挖	靠近围护侧,大范围内超挖超过1m,一定程度上影响支护结构或周围土体的稳定			★	
		靠近围护侧,局部超挖超过1m,其他位置大范围内超挖超过1m		★		
		其他位置大范围内超挖超过1m		★		
基坑周边环境	基坑影响区域内超载情况	基坑强烈影响区荷载超出设计,围护受力变化大,支护体系产生不利影响			★	
		基坑强烈影响区外荷载超出设计,围护受力变化较大,支护体系产生不利影响		★		
	地表积水	强烈影响区大面积积水,地面硬化不完善,且截排水系统不完善,流入开挖区或下渗、冲刷或掏空,或引起支护结构受力变化,可能严重影响安全系数			★	
		显著影响区大面积积水,地面硬化不完善,且截排水系统不完善,地表水下渗,影响安全系数		★		

(1)基坑支护结构或周边土体的位移突然明显增长或基坑出现流沙、管涌、隆起、陷落或较严重的渗漏等。

(2)基坑支护结构的支撑或锚杆体系出现过大变形、压屈、断裂、松弛或拔出的迹象。

(3)周边建筑的结构部分、周边地面出现较严重的突发裂缝或危害结构的变形裂缝。

(4)周边管线变形突然明显增长或出现裂缝、泄漏等。

(5)根据当地工程经验判断,出现其他必须进行危险报警的情况。

3)综合预警

综合预警是通过进一步分析监测数据预警和巡视预警的级别、数量及分布范围、事故发展等情况,综合判定风险工程的不安全状态而进行的预警。综合预警宜通过现场核查、会商和专家论证等确定。

2. 监测消警

监测数据及巡视预警消警在监测数据稳定并符合消警条件后,在风险监控平台提出消警申请。当监测数据及巡视预警为黄色时,由第三方监测单位、风险咨询单位、监理单位进行审批;当监测数据及巡视预警为橙色时,由第三方监测单位、风险咨询单位、监理单位、业主代表进行审批;当监测数据及巡视预警为红色时,由第三方监测单位、风险咨询单位、监理单位、业主代表以及建设方分管安全负责人进行审批;最后解除预警,并由风险咨询单位发送消警短信告知相关各方。

综合预警消警在监测数据稳定、现场风险已消除并符合消警条件后,在风险监控平台提出消警申请,由总监理工程师根据综合预警的等级,组织相关人员召开消警会议,经过参会各方同意后,风险咨询单位在风险监控平台解除综合预警。监测数据(巡视)预警消警及综合预警消警流程如图 7-7 ~ 图 7-9 所示。

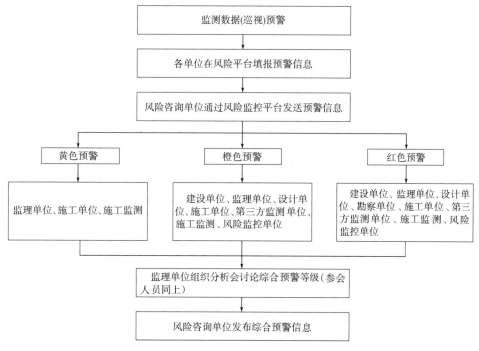

图 7-7　监测数据（巡视）预警流程

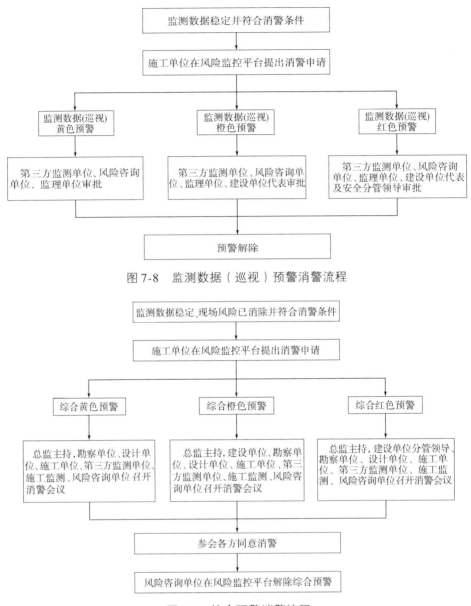

图 7-8 监测数据（巡视）预警消警流程

图 7-9 综合预警消警流程

7.4 本章小结

城市轨道交通工程在施工过程中经常发生支护结构垮塌、周围岩土体坍塌，以及建（构）筑物地下管线等周边环境对象过大变形或破坏等安全风险事件，因此，在地下工程施工过程中，开展工程监测工作对安全风险事件的预防预报和控制安全风险事件的发生具有十分重要的意义。

根据设计及规范要求合理布设监测点,并在监测周期内做好监测点的保护,严格按照监测频率及时进行监测和现场巡视。

及时报送相关监测成果,及时进行数据分析和预判,如出现异常情况立即对成果进行复核,确保监测成果提供的内容真实、准确、完整,从而科学指导现场施工。

时刻关注监测成果,严格执行监测预警制度,一旦出现预警情况,立即采取有效的应急处理措施,从而保证工程施工安全。

CHAPTER EIGHT 第8章

总结与展望

8.1 总结

随着城市人口的增长和交通需求的日益增加,地铁已成为现代城市重要的交通方式之一。

中交中南局近年来积极投身地铁项目建设,本书依托这些项目,总结了目前已经取得的城市地铁车站开挖关键技术的重要经验,在此基础上进行归纳总结,形成了一些阶段性成果,为下阶段地铁车站施工打下了坚实基础。

本书从地铁车站围护结构施工技术、止降水及土体加固施工技术、明挖法施工技术、盖挖法施工技术、暗挖法施工技术、监控量测技术六大板块进行了阐述,基本囊括了现有与地铁车站开挖施工相关的施工技术,可以有效指导类似工程的施工。

未来,随着高新技术的发展,地铁车站开挖工作中高新技术将得到更广泛地应用,将大大提高施工效率和安全性。同时,地铁车站开挖深度的增加也要求地下施工技术和地质勘探技术的不断创新与发展,以确保开挖施工的可行性和经济性。此外,环境保护和可持续发展对地铁车站开挖技术的要求也日益增加,减少对环境的影响和应用可再生能源成为研究和应用的重点。展望未来,我们可以期待更多创新技术应用于城市地铁车站,使地铁建设更好地服务于城市发展和居民出行需求。

8.2 展望

在地铁系统中,地铁车站的开挖是一个关键且复杂的工程环节。展望未来,我们可以预见以下几个方面的技术发展,也作为下阶段重点突破的技术要点:

一方面,随着人工智能和机器学习的快速发展,自动化设备将越来越多地应用于地铁车站的开挖工作中。机器学习算法可以通过对历史数据的学习,优化和提高施工过程的效率和安全性。同时,传感技术和远程监控技术的应用也将提高地铁车站开挖的安全性和质量控制水平。

另一方面,由于城市空间的有限性,未来地铁车站的深度将逐渐增加。因此,地下施工技术和地质勘探技术的发展将成为地铁车站开挖的关键技术。新材料和新工艺的应用将使地铁车站的开挖更加可行和经济。

此外,环境保护和可持续发展对地铁车站开挖技术的要求也日益增加。减少土地占用和降低对周边环境的影响将是未来地铁车站开挖的重点。同时,将可再生能源应用于地铁车站的施工中,也将成为研究的重点。

参考文献

[1] 陈勇."吊脚桩"在深圳地铁基坑支护中的应用[J].民营科技,2010(05):200.

[2] 上海市住房和城乡建设管理委员会.基坑工程技术规范:DG/T J08-61—2010[S].上海:同济大学出版社,2010.

[3] 中华人民共和国建设部.建筑与市政降水工程技术规范:JGJ/T 111—1998[S].北京:中国建筑工业出版社,1998.

[4] 霍延武.轻型井点在基坑开挖施工中的应用[J].建筑技术开发,2016,43(9):28-29.

[5] 中华人民共和国住房和城乡建设部.地下铁道工程施工质量验收标准:GB/T 50299—2018[S].北京:中国建筑工业出版社,2018.

[6] 王元湘.地铁盖挖法技术研究[J].地下工程与隧道,1994(03):10-21.

[7] 萧岩,汪波,王光明.盖挖法和盖挖法施工[J].市政技术,2004(06):359-370.

[8] 龚胜.中洞法施工技术[J].岩土工程学报,2006,28(B11):1772-1775.

[9] 张晋毅.中洞法开挖的地铁车站施工力学分析[J].地下空间与工程学报,2010,6(4):828-832.

[10] 张威.地铁车站降水井布置及施工工艺[J].铁道建筑技术,2012(11):36-40.